FRANCISCO

Carta Encíclica
Dilexit nos
Ele nos amou

do Santo Padre
sobre o amor humano e divino
do Coração de Jesus

DOCUMENTOS DO MAGISTÉRIO

Edições Loyola

Título original:
Lettera Enciclica Dilexit nos del Santo Padre Francesco sull'amore umano e divino del cuore di Gesù Cristo

© dos textos originais, 2024:
Amministrazione del Patrimonio della Santa Sede Apostolica;
Dicastero per la Comunicazione – Libreria Editrice Vaticana

© da tradução em português para o Brasil, 2024:
Conferência Nacional dos Bispos do Brasil

As citações bíblicas constantes desta obra foram transcritas da *Bíblia Mensagem de Deus*, 3ª edição, 2016, e as citações dos *Exercícios Espirituais de Santo Inácio*, da 14ª edição, 2015.

Capa e diagramação: Ronaldo Hideo Inoue
 (capa executada a partir do projeto gráfico original de Walter Nabas)
Revisão: Carolina Rubira
 Maria Teresa Sampaio

Edições Loyola Jesuítas
Rua 1822 nº 341 – Ipiranga
04216-000 São Paulo, SP
T 55 11 3385 8500/8501, 2063 4275
editorial@loyola.com.br
vendas@loyola.com.br
www.loyola.com.br

Todos os direitos reservados. Nenhuma parte desta obra pode ser reproduzida ou transmitida por qualquer forma e/ou quaisquer meios (eletrônico ou mecânico, incluindo fotocópia e gravação) ou arquivada em qualquer sistema ou banco de dados sem permissão escrita da Editora.

ISBN 978-65-5504-419-5

© EDIÇÕES LOYOLA, São Paulo, Brasil, 2024

Sumário

9
Capítulo I
A importância do coração

23
Capítulo II
Gestos e palavras de amor

29
Capítulo III
Este é o coração que tanto amou

47
Capítulo IV
Amor que dá de beber

79
Capítulo V
Amor por amor

103
Conclusão

DOCUMENTOS DO MAGISTÉRIO

1. "Ele nos amou", diz São Paulo referindo-se a Cristo (Rm 8,37), para nos ajudar a descobrir que nada "poderá nos separar" desse amor (Rm 8,39). Paulo afirmava-o com firme certeza, porque o próprio Cristo tinha garantido aos seus discípulos: "eu vos amei" (cf. Jo 15,9.12). Disse também: "vos chamo de amigos" (Jo 15,15). O seu coração aberto precede-nos e espera-nos incondicionalmente, sem exigir qualquer pré-requisito para nos amar e oferecer a sua amizade: ele nos amou primeiro (cf. 1Jo 4,10). Graças a Jesus, "reconhecemos o amor que Deus nos tem e cremos nele" (1Jo 4,16).

Capítulo I
A importância do coração

2. Para exprimir o amor de Jesus Cristo, recorre-se frequentemente ao símbolo do coração. Há quem se interrogue se isso atualmente tem um significado válido. Porém, é necessário recuperar a importância do coração quando nos assalta a tentação da superficialidade, de viver apressadamente sem saber bem para que, de nos tornarmos consumistas insaciáveis e escravos na engrenagem de um mercado que não se interessa pelo sentido da nossa existência[1].

O que entendemos quando dizemos "coração"?

3. No grego clássico profano, o termo *kardía* designa a parte mais íntima dos seres humanos, dos animais e das plantas. Em Homero, indica não só o centro corpóreo, mas também a alma e o centro espiritual do ser humano. Na *Ilíada*, o pensamento e o sentimento pertencem ao coração e estão muito próximos um do outro[2]. O coração aparece como o centro do desejo e o lugar onde são forjadas as decisões importantes de uma pessoa[3]. Em Platão, o coração assume, de certa forma, uma função "sintetizante" do que é racional e das tendências de cada pessoa, uma vez que tanto o co-

---
1. Uma boa parte das reflexões deste primeiro capítulo é inspirada nos escritos inéditos do Pe. Diego Fares, *S.I.* Que o Senhor o tenha na Sua Santa Glória!
2. Cf. Homero, *Ilíada*, canto XXI, verso 441.
3. Cf. Ibid., canto X, verso 244.

mando das faculdades superiores como as paixões se transmitem através das veias que convergem no coração⁴. Assim, desde a antiguidade, advertimos a importância de considerar o ser humano não como uma soma de diferentes capacidades, mas como um complexo anímico-corpóreo com um centro unificador que dá a tudo o que a pessoa experimenta um substrato de sentido e orientação.

4. A Bíblia diz que "a palavra de Deus é viva e eficaz […] pode julgar os sentimentos e os pensamentos do coração" (Hb 4,12). Desse modo, fala-nos de um núcleo, o coração, que se esconde por detrás de todas as aparências e até mesmo de pensamentos superficiais que nos confundem. Os discípulos de Emaús, na sua misteriosa caminhada com Cristo ressuscitado, viviam um momento de angústia, confusão, desespero, desilusão. Mas, para além disso e apesar de tudo, acontecia algo no seu íntimo: "Não é verdade que o nosso coração ardia, quando nos falava pelo caminho […]?" (Lc 24,32).

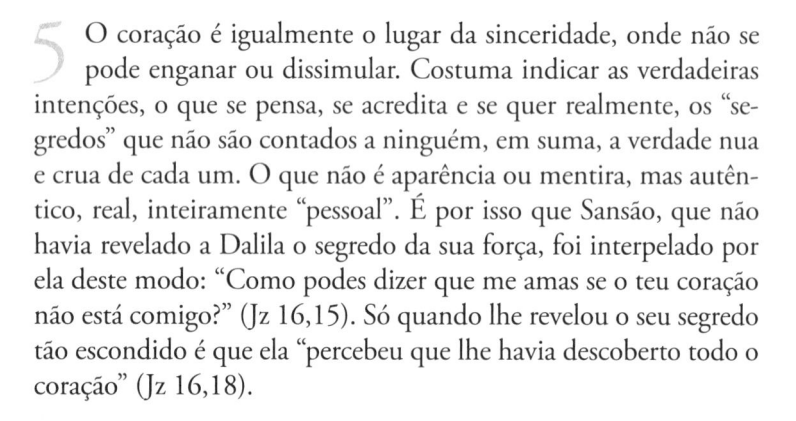

5. O coração é igualmente o lugar da sinceridade, onde não se pode enganar ou dissimular. Costuma indicar as verdadeiras intenções, o que se pensa, se acredita e se quer realmente, os "segredos" que não são contados a ninguém, em suma, a verdade nua e crua de cada um. O que não é aparência ou mentira, mas autêntico, real, inteiramente "pessoal". É por isso que Sansão, que não havia revelado a Dalila o segredo da sua força, foi interpelado por ela deste modo: "Como podes dizer que me amas se o teu coração não está comigo?" (Jz 16,15). Só quando lhe revelou o seu segredo tão escondido é que ela "percebeu que lhe havia descoberto todo o coração" (Jz 16,18).

6. Frequentemente, essa verdade íntima de cada pessoa está escondida debaixo de muita superficialidade, o que torna difícil o autoconhecimento e ainda mais difícil conhecer o outro: "Sinuoso é o coração e enfermo: quem o conhece?" (Jr 17,9). Compreendemos assim porque é que o livro dos Provérbios nos exorta: "Mais

---

4. Cf. *Timeu*, § 65c-d; § 70.

que tudo, vigia teu coração, pois dele jorram as fontes da vida. Repele de ti toda boca perversa e de ti afasta os lábios enganosos" (Pr 4,23-24). A mera aparência, a dissimulação e o engano danificam e pervertem o coração. Para além das muitas tentativas de mostrar ou exprimir o que não somos, é no coração que se decide tudo: ali não conta o que mostramos exteriormente ou o que ocultamos, ali conta o que somos. E esta é a base de qualquer projeto sólido para a nossa vida, porque nada que valha a pena pode ser construído sem o coração. As aparências e as mentiras só trazem vazio.

7. Como metáfora, quero recordar algo que já contei em outra ocasião: "Recordo que no carnaval, quando éramos crianças, a nossa avó nos preparava doces, e a massa que ela fazia era muito fina. Depois colocava-a no azeite, aquela massa crescia e, quando nós a comíamos, estava vazia. Aqueles doces em nosso dialeto chamavam-se 'mentirinhas'. E era precisamente a avó quem explicava a razão: aqueles doces 'são como as mentiras, parecem grandes, mas dentro não têm nada, não há nada verdadeiro, não há substância alguma'"5.

8. Em vez de procurar uma satisfação superficial e de representar um papel diante dos outros, é melhor deixar que surjam perguntas decisivas: Quem realmente sou? O que procuro? Que sentido quero dar à vida, às minhas escolhas e ações? Por que razão e para que fim estou neste mundo? Como vou querer avaliar a minha existência quando ela terminar? Que sentido quero dar a tudo o que vivo? Quem quero ser perante os outros? Quem sou diante de Deus? Essas perguntas conduzem-me ao meu coração.

Regressar ao coração

9. Neste mundo líquido, é necessário voltar a falar do coração; indicar onde cada pessoa, de qualquer classe e condição, faz

---

5. *Homilia na Missa matutina de Santa Marta* (14 de outubro de 2016): *L'Osservatore Romano* (ed. semanal em português de 20 de outubro de 2016), 7.

a própria síntese; onde os seres concretos encontram a fonte e a raiz de todas as suas outras potências, convicções, paixões e escolhas. Movemo-nos, porém, em sociedades de consumidores em série, preocupados só com o agora, dominados pelos ritmos e ruídos da tecnologia, sem muita paciência para os processos que a interioridade exige. Na sociedade atual, o ser humano "corre o risco de se desorientar do centro de si mesmo"⁶. "O homem contemporâneo encontra-se com frequência transtornado, dividido, quase privado de um princípio interior que crie unidade e harmonia no seu ser e no seu agir. Modelos de comportamento infelizmente bastante difundidos, exaltam a sua dimensão racional-tecnológica, ou, ao contrário, a instintiva."⁷ Falta o coração.

10. Ora, o problema da sociedade líquida é atual, mas a desvalorização do centro íntimo do homem — o coração — vem de mais longe: nós a encontramos já no racionalismo grego e pré-cristão, no idealismo pós-cristão ou no materialismo em suas diversas formas. O coração teve pouco espaço na antropologia e é uma noção estranha ao grande pensamento filosófico. Preferiram-se outros conceitos, como a razão, a vontade ou a liberdade. O seu significado permanece impreciso e não lhe foi atribuído um lugar específico na vida humana. Talvez porque não fosse fácil colocá-lo entre as ideias "claras e distintas" ou porque o conhecimento de si mesmo supõe dificuldade: parece que a realidade mais íntima é também a mais afastada do nosso conhecimento. Talvez porque o encontro com o outro não se consolida como caminho para encontrarmos a nós mesmos, já que o pensamento conduz, uma vez mais, a um individualismo doentio. Muitos, para construir os seus sistemas de pensamento, sentiram-se seguros no âmbito mais controlável da inteligência e da vontade. E, ao não se encontrar um lugar para o coração, como algo distinto das faculdades e das paixões humanas consideradas separadamente, tam-

---
6. São João Paulo II, *Alocução do* Angelus (2 de julho de 2000): *L'Osservatore Romano* (ed. semanal em português de 8 de julho de 2000), 1.
7. Id., *Catequese* (8 de junho de 1994): *L'Osservatore Romano* (ed. semanal em português de 11 de junho de 1994), 8.

bém não se desenvolveu de forma suficiente a ideia de um centro pessoal, em que a única realidade que pode unificar tudo é, em última análise, o amor.

11. Ao não se dar o devido valor ao coração, desvaloriza-se também o que significa falar a partir do coração, agir com o coração, amadurecer e curar o coração. Quando não se consideram as especificidades do coração, perdemos as respostas que a inteligência por si só não pode dar, perdemos o encontro com os outros, perdemos a poesia. Perdemos a história e as nossas histórias, porque a verdadeira aventura pessoal é aquela que se constrói a partir do coração. No fim da vida, só isso contará.

12. É preciso afirmar que temos um coração e que o nosso coração coexiste com outros corações que o ajudam a ser um "tu". Como não podemos desenvolver longamente este tema, recorreremos ao personagem chamado Stavroguine, de um romance de Dostoievski[8]. Romano Guardini aponta-o como a própria encarnação do mal, porque a sua principal caraterística é não possuir coração: "Stavroguine, porém, não possui coração. O seu espírito é, portanto, frio e vazio e o seu corpo intoxica-se de indolência e sensualidade 'animalesca'. Não pode estar junto dos outros homens nem estes podem, na realidade, chegar até ele. Porque é o coração que origina a proximidade; é pelo coração que me encontro junto dos outros e os outros estão igualmente junto de mim. Só o coração pode acolher, dar refúgio. A interioridade é o ato e a esfera do coração. Stavroguine, porém, encontra-se longe, […] muito afastado também de si mesmo. O homem está em intimidade com o seu íntimo no coração, não no espírito. Estar em intimidade com o íntimo, no espírito, não é do domínio humano. Mas quando o coração não vive, o homem encontra-se ao lado de si mesmo"[9].

13. É necessário que todas as ações sejam colocadas sob o "controle político" do coração, que a agressividade e os de-

---

8. *Os Demônios* (1872).
9. Romano Guardini, *O mundo religioso de Dostoievski* (Lisboa, 1973), 232.

sejos obsessivos sejam acalmados no bem maior que o coração lhes oferece e na força que ele tem contra os males; que a inteligência e a vontade sejam também postas ao seu serviço, sentindo e saboreando as verdades em vez de querer dominá-las, como algumas ciências tendem a fazer; que a vontade deseje o bem maior que o coração conhece, e que a imaginação e os sentimentos se deixem também moderar pelo bater do coração.

14. Em última análise, seria possível dizer que eu sou o meu coração, porque é ele que me distingue, que me molda na minha identidade espiritual e que me põe em comunhão com as outras pessoas. O algoritmo que atua no mundo digital mostra que os nossos pensamentos e as decisões da nossa vontade são muito mais "standard" do que pensávamos. São facilmente previsíveis e manipuláveis. Não é o caso do coração.

15. Trata-se de uma palavra importante para a filosofia e a teologia, que procuram alcançar uma síntese integral. Na verdade, a palavra "coração" não pode ser explicada plenamente pela biologia, pela psicologia, pela antropologia ou por qualquer outra ciência. É uma daquelas palavras originais que "significam realidades que dizem respeito ao homem no seu conjunto enquanto pessoa corpóreo-espiritual"[10]. Assim, o biólogo não é mais realista quando fala do coração, porque vê apenas um aspecto dele e o todo não é menos real, pelo contrário, é ainda mais verdadeiro. Tampouco uma linguagem abstrata poderia ter o mesmo significado concreto e, simultaneamente, integrador. Se o "coração" leva ao mais íntimo da nossa pessoa, permite também que nos reconheçamos na nossa integralidade e não apenas num mero aspecto isolado.

16. Por outro lado, esse poder único do coração ajuda-nos a compreender porque é que se diz que quando apreendemos uma realidade com o coração podemos conhecê-la melhor e

---

10. Karl Rahner, "Einige Thesen zur Theologie der Herz-Jesu-Verehrung". In: *Schriften zur Theologie III* (Einsiedeln, 1956), 392.

mais plenamente. Isso nos conduz de forma inevitável ao amor de que esse coração é capaz, porque "o mais íntimo da realidade é o amor"[11]. Para Heidegger, segundo a interpretação de um pensador contemporâneo, a filosofia não começa com um conceito puro ou uma certeza, mas com uma comoção: "O pensamento deve ser comovido antes de trabalhar com conceitos ou enquanto trabalha com eles. Sem a comoção, o pensamento não pode começar. A primeira imagem mental seria a pele arrepiada. É a comoção que primeiramente dá o que pensar e perguntar. A filosofia ocorre sempre em uma tonalidade afetiva fundamental (*Stimmung*)"[12]. E é aqui que surge o coração, que "guarda as tonalidades afetivas fundamentais, […] trabalha como 'guardião da tonalidade afetiva fundamental'. O 'coração' ouve não metaforicamente a 'voz silenciosa' do ser ao se deixar afinar e determinar por ela"[13].

O coração que une os fragmentos

17 Ao mesmo tempo, o coração torna possível qualquer vínculo autêntico, porque uma relação que não é construída com o coração não pode ultrapassar a fragmentação do individualismo. Restariam apenas duas mônadas que se justapõem, mas não se ligam verdadeiramente. Uma sociedade cada vez mais dominada pelo narcisismo e pela autorreferencialidade é uma sociedade "anticoração". E, por fim, chega-se à "perda do desejo", porque o outro desaparece do horizonte e nos fechamos no nosso egoísmo, sem capacidade para relações saudáveis[14]. Como resultado, tornamo-nos incapazes de acolher Deus. Como diria Heidegger, para receber o divino é preciso construir uma "casa de hóspedes"[15].

---

11. Ibid., 393.
12. Han Byung-Chul, *O Coração de Heidegger. Sobre o conceito de tonalidade afetiva em Martin Heidegger* (Petrópolis, 2023), 93-94.
13. Ibid., 151.
14. cf. Idem, *Agonia do Eros* (Petrópolis, 2017).
15. cf. Martin Heidegger, *Explicações da Poesia de Hölderlin* (Brasília, 2013), 136.

18. Vemos assim como no coração de cada pessoa se produz esta ligação paradoxal entre a valorização do próprio ser e a abertura aos outros, entre o encontro muito pessoal consigo mesmo e a doação de si aos outros. Só nos tornamos nós mesmos quando adquirimos a capacidade de reconhecer o outro, e só encontra o outro quem é capaz de reconhecer e aceitar a própria identidade.

19. O coração é também capaz de unificar e harmonizar a própria história pessoal, que parece fragmentada em mil pedaços, mas na qual tudo pode adquirir sentido. É isso que o Evangelho exprime no olhar de Maria, que olhava com o coração. Ela foi capaz de dialogar com as experiências que conservava, meditando-as no seu coração, dando-lhes tempo: simbolizando-as e guardando-as no seu interior para recordá-las. No Evangelho, a melhor expressão do que pensa o coração é oferecida por duas passagens de São Lucas que nos dizem que Maria "conservava (*synetérei*) com carinho todas estas recordações e as meditava (*symbállousa*) em seu coração" (cf. Lc 2,19.51). O verbo *symbállein* (do qual provem a palavra "símbolo") significa ponderar, unir duas coisas na mente, examinar-se, refletir, dialogar consigo mesmo. Em Lucas 2,51, *dietérei* é "conservava com cuidado", e o que ela guardava não era apenas "a cena" que via, mas também o que ainda não compreendia, conservando-o presente e vivo, na esperança de unir tudo no seu coração.

20. Na era da inteligência artificial, não podemos esquecer que a poesia e o amor são necessários para salvar o humano. O que nenhum algoritmo conseguirá abarcar é, por exemplo, aquele momento da infância que se recorda com ternura e que continua a acontecer em todos os cantos do planeta, mesmo com o passar dos anos. Penso na utilização do garfo para selar as bordas daquelas empadas caseiras que preparávamos com as nossas mães ou avós. É aquele momento de aprendizagem culinária, entre a brincadeira e a idade adulta, quando assumimos a responsabilidade do trabalho para ajudar o outro. Tal como o exemplo do garfo, poderia citar milhares de pequenos pormenores que sustentam a biografia de cada um: rir com uma piada, fazer um desenho em contraluz em

uma janela, jogar futebol pela primeira vez com uma "bola de trapos", cuidar de lagartas em uma caixa de sapatos, secar uma flor entre as páginas de um livro, cuidar de um pássaro que caiu do ninho, fazer um desejo ao despetalar uma margarida. Todos esses pequenos pormenores, o ordinário-extraordinário, nunca poderão estar entre os algoritmos. Porque o garfo, as piadas, a janela, a bola, a caixa de sapatos, o livro, o pássaro, a flor… são sustentados pela ternura preservada nas memórias do coração.

21 Este núcleo de cada ser humano, o seu centro mais íntimo, não é o núcleo da alma, mas da pessoa inteira na sua identidade única, que é alma e corpo. Tudo está unificado no coração, que pode ser a sede do amor com todos os seus componentes espirituais, psíquicos e também físicos. Em última análise, se aí reina o amor, a pessoa realiza a sua identidade de forma plena e luminosa, porque cada ser humano é criado sobretudo para o amor; é feito nas suas fibras mais profundas para amar e ser amado.

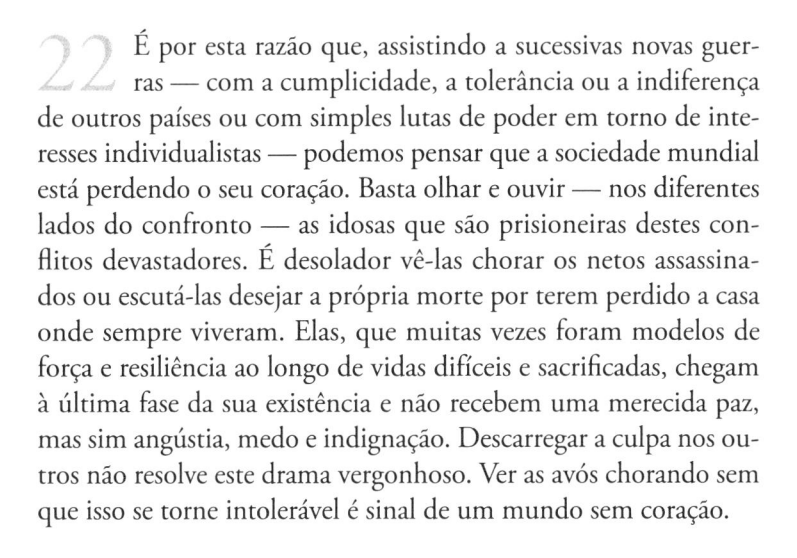

22 É por esta razão que, assistindo a sucessivas novas guerras — com a cumplicidade, a tolerância ou a indiferença de outros países ou com simples lutas de poder em torno de interesses individualistas — podemos pensar que a sociedade mundial está perdendo o seu coração. Basta olhar e ouvir — nos diferentes lados do confronto — as idosas que são prisioneiras destes conflitos devastadores. É desolador vê-las chorar os netos assassinados ou escutá-las desejar a própria morte por terem perdido a casa onde sempre viveram. Elas, que muitas vezes foram modelos de força e resiliência ao longo de vidas difíceis e sacrificadas, chegam à última fase da sua existência e não recebem uma merecida paz, mas sim angústia, medo e indignação. Descarregar a culpa nos outros não resolve este drama vergonhoso. Ver as avós chorando sem que isso se torne intolerável é sinal de um mundo sem coração.

23 Quando alguém reflete, procura ou medita sobre o próprio ser e a sua identidade, ou analisa questões mais elevadas; quando pensa no sentido da própria vida e até mesmo procura a Deus, e ainda quando sente o gosto de ter vislumbrado

algo da verdade; todas essas reflexões exigem que se encontre o seu ponto culminante no amor. Amando, a pessoa sente que sabe porque e para que vive. Assim, tudo converge para um estado de conexão e de harmonia. Por isso, diante do próprio mistério pessoal, talvez a pergunta mais decisiva que se possa fazer seja esta: tenho coração?

O fogo

24. Isso traz consequências para a espiritualidade. Por exemplo, a teologia dos *Exercícios Espirituais* de Santo Inácio de Loyola tem como princípio o *affectus*. O discurso é construído sobre uma vontade fundamental — com toda a força do coração — que dá energia e recursos à tarefa de reorganizar a vida. As regras e as composições de lugar que Inácio fornece estão a serviço de algo muito mais importante que é o mistério do coração humano. Michel de Certeau mostra como as "moções" de que fala Santo Inácio são as irrupções de uma vontade de Deus e de uma vontade do próprio coração que permanece diferente em relação à ordem manifesta. Algo inesperado começa a falar no coração da pessoa, algo que surge do incognoscível, que abala a superfície do conhecido e se opõe a ele. É a origem de um novo "ordenamento da vida" a partir do coração. Não se trata de discursos racionais que devem ser postos em prática, passando-os para a vida, de modo que a afetividade e a prática fossem simplesmente as consequências — dependentes — de um conhecimento adquirido[16].

25. Onde o filósofo detém o seu pensamento, o coração fiel ama, adora, pede perdão e oferece-se para servir no lugar que o Senhor, à sua escolha, lhe dá para segui-lo. Então percebe que é o "tu" de Deus e que pode ser um "eu" porque Deus é um "tu" para ele. Na realidade, somente o Senhor se dispõe a tratar-nos sempre — e para sempre — como um "tu". Aceitar a sua

---

16. Cf. Michel de Certeau, *L'espace du désir ou le "fondement" des Exercices spirituels*. In: *Christus* 77 (1973), 118-128.

amizade é uma questão de coração e constitui-nos como pessoas no sentido pleno da palavra.

26. São Boaventura dizia que, no final, deve-se perguntar "não à luz, mas ao fogo"[17]. E ensinava que "a fé está no intelecto, de tal modo que provoca o afeto. Por exemplo: saber que Cristo morreu por nós não permanece (somente) como conhecimento, mas torna-se necessariamente afeto, amor"[18]. Nessa linha, São John Henry Newman tomou como lema a frase "*Cor ad cor loquitur*", porque, além de toda dialética, o Senhor salva-nos falando ao nosso coração a partir de seu Sagrado Coração. Tal percepção levou esse grande pensador a reconhecer que esta mesma lógica fazia com que seu encontro mais profundo consigo mesmo e com o Senhor não fosse a leitura ou a reflexão, mas o diálogo orante, de coração a coração, com Cristo vivo e presente. É por isso que Newman encontrava na Eucaristia o Coração de Jesus Cristo vivo, capaz de libertar, de dar sentido a cada momento e de derramar a verdadeira paz sobre o ser humano: "Ó Coração Sacratíssimo e Amorosíssimo de Jesus, estás escondido na Sagrada Eucaristia, e continuas a bater por nós [...]. Eu te adoro, então, com todo o meu melhor amor e temor, com meu carinho fervoroso, com a minha vontade mais conquistada e resolvida. Ó meu Deus, quando tu te rebaixas a sofrer para (que eu possa) receber-te, para comer e beber a ti, e tu por um tempo fazes a tua morada dentro de mim, faça meu coração bater com o teu Coração. Purifica-o de tudo o que é terreno, de tudo o que é orgulhoso e sensual, tudo o que é duro e cruel, de toda a perversidade, de toda a desordem, de todo amortecimento. Então, encha-o de ti, que nem os acontecimentos do dia, nem as circunstâncias do tempo possam ter o poder de perturbá-lo, mas que em teu amor e temor possa ter paz"[19].

27. Perante o Coração de Jesus vivo e atual, o nosso intelecto, iluminado pelo Espírito, compreende as palavras de Jesus.

---

17. *Itinerarium mentis in Deum*, VII, 6.
18. *Proemium in I Sent.*, q. 3.
19. São John Henry Newman, *Meditações e Devoções* (São Paulo, 2016), 283.

Assim, a nossa vontade põe-se em ação para praticá-las. Mas isso poderia permanecer como uma forma de moralismo autossuficiente. Ouvir, saborear e honrar o Senhor pertence ao coração. Só o coração é capaz de colocar as outras faculdades e paixões e toda a nossa pessoa em uma atitude de reverência e obediência amorosa ao Senhor.

O mundo pode mudar a partir do coração

28. Só a partir do coração é que as nossas comunidades serão capazes de unir e pacificar os diferentes intelectos e vontades, para que o Espírito possa nos guiar como uma rede de irmãos, porque a pacificação é também uma tarefa do coração. O Coração de Cristo é êxtase, é saída, é dom, é encontro. Nele tornamo-nos capazes de nos relacionar uns com os outros de forma saudável e feliz, e de construir neste mundo o Reino de amor e de justiça. O nosso coração unido ao de Cristo é capaz desse milagre social.

29. Levar o coração a sério tem consequências sociais. Como ensina o Concílio Vaticano II, "temos, com efeito, de reformar o nosso coração, com os olhos postos no mundo inteiro e naquelas tarefas que podemos realizar juntos para o progresso da humanidade"[20]. Porque "os desequilíbrios de que sofre o mundo atual estão ligados com aquele desequilíbrio fundamental que se radica no coração do homem"[21]. Perante os dramas do mundo, o Concílio convida-nos a regressar ao coração, explicando que o ser humano "pela sua interioridade, transcende o universo das coisas: tal é o conhecimento profundo que ele alcança quando reentra no seu interior, onde Deus, que perscruta os corações (cf. 1Sm 16,7; Jr 17,10), o espera, e onde ele, sob o olhar do Senhor, decide da própria sorte"[22].

---

20. Const. past. *Gaudium et Spes*, 82.
21. Ibid., 10.
22. Ibid., 14.

30. Isso não significa confiar demasiadamente em nós mesmos. Devemos ser cautelosos: ter consciência de que o nosso coração não é autossuficiente; é frágil e ferido. Tem dignidade ontológica, mas ao mesmo tempo deve procurar uma vida mais digna[23]. O Concílio Vaticano II também diz que "o fermento evangélico despertou e desperta no coração humano uma irreprimível exigência de dignidade"[24], ainda que, para viver de acordo com essa dignidade, não baste apenas conhecer o Evangelho ou fazer mecanicamente o que ele nos manda. Precisamos da ajuda do amor divino. Recorramos, pois, ao Coração de Cristo, o centro do seu ser, que é uma fornalha ardente de amor divino e humano, a mais alta plenitude que a humanidade pode atingir. É aí, nesse Coração, que finalmente nos reconhecemos e aprendemos a amar.

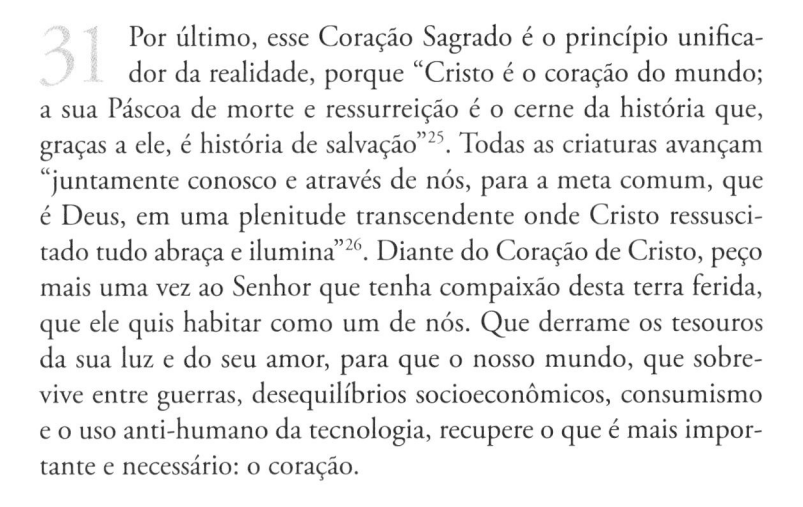

31. Por último, esse Coração Sagrado é o princípio unificador da realidade, porque "Cristo é o coração do mundo; a sua Páscoa de morte e ressurreição é o cerne da história que, graças a ele, é história de salvação"[25]. Todas as criaturas avançam "juntamente conosco e através de nós, para a meta comum, que é Deus, em uma plenitude transcendente onde Cristo ressuscitado tudo abraça e ilumina"[26]. Diante do Coração de Cristo, peço mais uma vez ao Senhor que tenha compaixão desta terra ferida, que ele quis habitar como um de nós. Que derrame os tesouros da sua luz e do seu amor, para que o nosso mundo, que sobrevive entre guerras, desequilíbrios socioeconômicos, consumismo e o uso anti-humano da tecnologia, recupere o que é mais importante e necessário: o coração.

---

23. Cf. Dicastério para a Doutrina da Fé, Declaração *Dignitas Infinita* (2 de abril de 2024), 8.
24. Const. past. *Gaudium et Spes*, 26.
25. São João Paulo II, *Alocução do* Angelus (28 de junho de 1998): *L'Osservatore Romano* (ed. semanal em português de 4 de julho de 1998), 1.
26. Francisco, Carta enc. *Laudato Si'* (24 de maio de 2015), 83: *AAS* 107 (2015), 880.

Capítulo II
Gestos e palavras de amor

32. O Coração de Cristo, que simboliza o centro pessoal de onde brota o seu amor por nós, é o núcleo vivo do primeiro anúncio. Ali se encontra a origem da nossa fé, a fonte que mantém vivas as convicções cristãs.

Gestos que refletem o coração

33. O modo como nos ama é algo que Cristo não quis explicar-nos exaustivamente. Mostra-o nos seus gestos. Observando-o, podemos descobrir como trata cada um de nós, mesmo que nos custe perceber isso. Procuremos, pois, onde a nossa fé pode reconhecê-lo: no Evangelho.

34. O Evangelho diz que Jesus "veio para os seus" (cf. Jo 1,11). Os "seus" somos nós, pois Jesus não nos trata como algo estranho. Considera-nos como propriedade sua, que guarda com cuidado, com afeto. Trata-nos como seus. Isso não significa que sejamos seus escravos; ele próprio o nega: "não vos chamo de servidores" (Jo 15,15). O que ele propõe é a pertença mútua dos amigos. Veio, superou todas as distâncias, tornou-se próximo de nós assim como as coisas mais simples e cotidianas da existência. Efetivamente, ele tem outro nome, que é "Emanuel" e significa "Deus conosco", Deus próximo à nossa vida, vivendo entre nós. O Filho de Deus encarnou e "se reduziu a nada, assumindo condição de servo" (Fl 2,7).

35\. Isso se torna evidente quando vemos o modo como age. Está sempre à procura, sempre próximo, sempre aberto ao encontro. Podemos contemplar isso quando ele se detém para conversar com a samaritana, junto do poço onde ela ia buscar água (cf. Jo 4,5-7). O mesmo ocorre quando, no meio da noite escura, encontra Nicodemos, que tinha medo de ser visto perto dele (cf. Jo 3,1-2); quando, sem se envergonhar, deixa que uma prostituta lhe lave os pés (cf. Lc 7,36-50); quando diz, olhos nos olhos, à mulher adúltera: "Pois nem eu te condeno" (Jo 8,11); ou quando, perante a indiferença dos discípulos, diz afetuosamente ao cego do caminho: "Que queres que te faça?" (Mc 10,51). Cristo mostra que Deus é proximidade, compaixão e ternura.

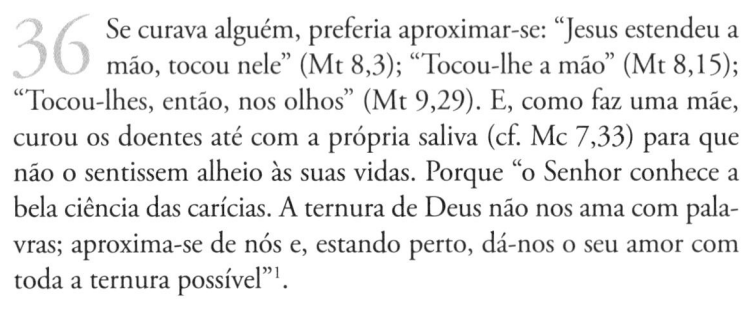

36\. Se curava alguém, preferia aproximar-se: "Jesus estendeu a mão, tocou nele" (Mt 8,3); "Tocou-lhe a mão" (Mt 8,15); "Tocou-lhes, então, nos olhos" (Mt 9,29). E, como faz uma mãe, curou os doentes até com a própria saliva (cf. Mc 7,33) para que não o sentissem alheio às suas vidas. Porque "o Senhor conhece a bela ciência das carícias. A ternura de Deus não nos ama com palavras; aproxima-se de nós e, estando perto, dá-nos o seu amor com toda a ternura possível"[1].

37\. Visto que nos custa confiar, porque fomos feridos por tantas falsidades, agressões e desilusões, ele sussurra-nos ao ouvido: "Filho, tem confiança" (cf. Mt 9,2); "Filha, tem confiança" (cf. Mt 9,22). Trata-se de vencer o medo e de tomar consciência de que, com ele, não temos nada a perder. A Pedro, que estava desconfiado, "Jesus estendeu a mão e o segurou, dizendo: '[…] por que duvidaste?'" (Mt 14,31). Não tenha medo. Deixa-o aproximar-se e sentar-se ao seu lado. Podemos duvidar de muitas pessoas, mas não dele. E não fique paralisado por causa dos seus pecados. Recorde-se que muitos pecadores "sentaram-se à mesa com Jesus" (Mt 9,10) e Jesus não se escandalizou com nenhum deles. Os elitistas

---

1\. Francisco, *Homilia na Missa matutina de Santa Marta* (7 de junho de 2013): *L'Osservatore Romano* (ed. semanal em português de 9 de junho de 2013), 6.

da religião queixavam-se, chamavam-lhe "comilão e beberrão; um amigo dos desprezados cobradores de impostos e dos pecadores!" (Mt 11,19). Quando os fariseus criticavam sua proximidade com as pessoas consideradas humildes ou pecadoras, Jesus dizia-lhes: "Prefiro a misericórdia ao sacrifício" (Mt 9,13).

 Esse mesmo Jesus espera hoje que você dê a ele a possibilidade de iluminar a sua existência, de ser erguido, preenchido com a sua força. Porque, antes de morrer, disse aos seus discípulos: "Não vos deixarei órfãos. Hei de voltar a vós. Ainda um pouco e o mundo não me verá. Mas vós me tornareis a ver" (Jo 14,18-19). Ele consegue sempre uma maneira para se manifestar na sua vida, para que você possa encontrá-lo.

O olhar

39 O Evangelho conta-nos que se aproximou dele um homem rico, cheio de ideais, mas sem forças para mudar de vida. Então "Jesus olhou para ele atentamente e sentiu afeto por ele" (Mc 10,21). Você consegue imaginar esse instante, o encontro entre os olhos desse homem e o olhar de Jesus? Se você é chamado, convocado para uma missão, primeiro ele olha para você, penetra no seu íntimo, percebe e conhece tudo o que há em você, pousa sobre você o seu olhar: "Caminhando ao longo do lago da Galileia, ele viu dois irmãos [...]. Mais adiante, viu outros dois irmãos" (Mt 4,18.21).

40 Muitos textos do Evangelho mostram-nos que Jesus está atento às pessoas, às suas preocupações, ao seu sofrimento. Por exemplo: "Vendo as multidões, ficava com muita pena, porque elas estavam cansadas e abatidas como ovelhas que não têm pastor" (Mt 9,36). Quando nos parece que somos ignorados por todos, que não há quem se interesse pelo que nos acontece, que não temos importância para ninguém, ele permanece atento a cada um de nós. Foi o que fez notar Natanael, que se encontrava só

e ensimesmado: "Antes que Filipe te chamasse eu te vi, quando estavas debaixo da figueira" (Jo 1,48).

41. Exatamente porque está atento, é capaz de reconhecer cada boa intenção que temos, cada pequena boa ação que praticamos. O Evangelho diz que "Viu também uma pobre viúva que colocava ali [no cofre do tesouro do templo] duas moedas de cobre" (Lc 21,2) e imediatamente chamou a atenção dos apóstolos para o fato. Jesus presta atenção de tal modo que admira as coisas boas que encontra em nós. Quando o centurião lhe suplicou com toda a confiança, "Ao ouvir tais palavras, Jesus ficou admirado" (Mt 8,10). Como é belo saber que, se outros ignoram as nossas boas intenções ou as coisas positivas que fazemos, Jesus, além de não ignorá-las, também as admira.

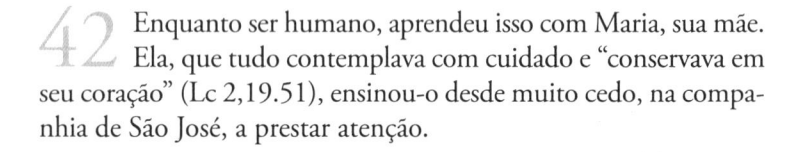

42. Enquanto ser humano, aprendeu isso com Maria, sua mãe. Ela, que tudo contemplava com cuidado e "conservava em seu coração" (Lc 2,19.51), ensinou-o desde muito cedo, na companhia de São José, a prestar atenção.

As palavras

43. Embora nas Escrituras tenhamos a sua Palavra sempre viva e atual, por vezes Jesus fala interiormente e convoca-nos para nos conduzir a um lugar melhor. Esse lugar melhor é o seu próprio Coração. Ele chama-nos para nos introduzir no lugar onde podemos recuperar a força e a paz: "Vinde a mim, vós todos que estais oprimidos de trabalhos e sobrecarregados, e eu vos aliviarei" (Mt 11,28). Por isso, pede aos seus discípulos: "Permanecei em mim" (Jo 15,4).

44. As palavras que Jesus pronunciou indicavam que a sua santidade não elimina os sentimentos. Por vezes, mostravam um amor apaixonado, que sofre por nós, se comove, se lamenta e chega, até mesmo, às lágrimas. É evidente que ele não era indiferente às preocupações e às angústias comuns das pessoas, como o cansaço ou a fome: "Tenho pena deste povo! […] não têm o que

comer [...] eles vão desmaiar no caminho, pois alguns vieram de longe" (Mc 8,2-3).

45. O Evangelho não esconde os sentimentos de Jesus em relação a Jerusalém, a cidade amada: "Chegando mais perto, viu a cidade e chorou sobre ela" (Lc 19,41) e exprimiu o seu maior desejo: "Se pelo menos neste dia tu também compreendesses a mensagem da paz!" (Lc 19,42). Os evangelistas, embora por vezes mostrem Jesus como poderoso ou glorioso, não deixam de exprimir os seus sentimentos diante da morte e da dor dos amigos. Antes de contar que, junto do túmulo de Lázaro, "Jesus começou a chorar" (Jo 11,35), o Evangelho detém-se a dizer que "Jesus amava Marta e a sua irmã e a Lázaro" (Jo 11,5) e que, ao ver Maria e os seus companheiros chorando, "se comoveu profundamente" (Jo 11,33). A narração não deixa dúvidas de que se trata de um pranto sincero, que nasce de uma perturbação interior. Por fim, a angústia de Jesus perante a sua própria morte violenta, pelas mãos daqueles que tanto amava, também não ficou escondida: "começou a sentir pavor" (Mc 14,33), a ponto de dizer: "Minha alma sente uma tristeza mortal" (Mc 14,34). Esta perturbação interior exprime-se com toda a sua força no grito do Crucificado: "Meu Deus, meu Deus, por que me abandonaste?" (Mc 15,34).

46. Tudo isso, à primeira vista, pode parecer um mero romanticismo religioso. No entanto, é o que há de mais sério e mais decisivo. Encontra a sua expressão máxima em Cristo pregado em uma cruz. Essa é a palavra de amor mais eloquente. Não se trata de algo superficial, não é puro sentimento, não é uma alienação espiritual. É amor. Por isso, quando São Paulo procurava as palavras certas para explicar a sua relação com Cristo, disse: "me amou e se ofereceu por mim" (Gl 2,20). Esta era a sua maior convicção: saber-se amado. A entrega de Cristo na cruz subjugava-o, mas só fazia sentido porque havia algo ainda maior do que essa entrega: "amou-me". Quando muitas pessoas procuravam em várias propostas religiosas salvação, bem-estar ou segurança, Paulo, tocado pelo Espírito, soube olhar além e maravilhar-se com o que há de maior e mais fundamental: "amou-me".

47. Depois de contemplar Cristo, vendo o que os seus gestos e palavras nos revelam do seu Coração, recordemos agora como a Igreja reflete sobre o santo mistério do Coração do Senhor.

Capítulo III
Este é o coração que tanto amou

48. A devoção ao Coração de Cristo não é o culto a um órgão separado da pessoa de Jesus. O que contemplamos e adoramos é a Jesus Cristo por inteiro, o Filho de Deus feito homem, representado por uma imagem em que se destaca o seu coração. Nesse caso, o coração de carne é entendido como imagem ou sinal privilegiado do centro mais íntimo do Filho encarnado e do seu amor ao mesmo tempo divino e humano, porque, mais do que qualquer outro membro do seu corpo, é "o índice natural ou o símbolo da sua imensa caridade"¹.

Adoração a Cristo

49. É indispensável sublinhar que nos relacionamos com a pessoa de Cristo, através da amizade e da adoração, atraídos pelo amor representado na imagem do seu Coração. Veneramos essa imagem que o representa, mas a adoração dirige-se apenas a Cristo vivo, na sua divindade e em toda a sua humanidade, para nos deixarmos abraçar pelo seu amor humano e divino.

50. Seja qual for a imagem utilizada, é certo que o objeto de adoração é o Coração vivo de Cristo — e nunca uma ima-

---

1. Pio XII, Carta enc. *Haurietis Aquas* (15 de maio de 1956), 12: *AAS* 48 (1956), 316.

gem —, porque faz parte do seu Corpo santíssimo e ressuscitado, inseparável do filho de Deus que o assumiu para sempre. Ele é adorado enquanto "o coração da pessoa do Verbo a quem está unido de modo inseparável"². Não o adoramos isoladamente, mas na medida em que com esse Coração é o próprio Filho encarnado que vive, ama e recebe o nosso amor. Por isso, qualquer ato de amor ou de adoração ao seu Coração é "na realidade e propriamente tributado ao próprio Cristo"³, porque se refere espontaneamente a ele e é "o símbolo e a imagem expressa da infinita caridade de Jesus Cristo"⁴.

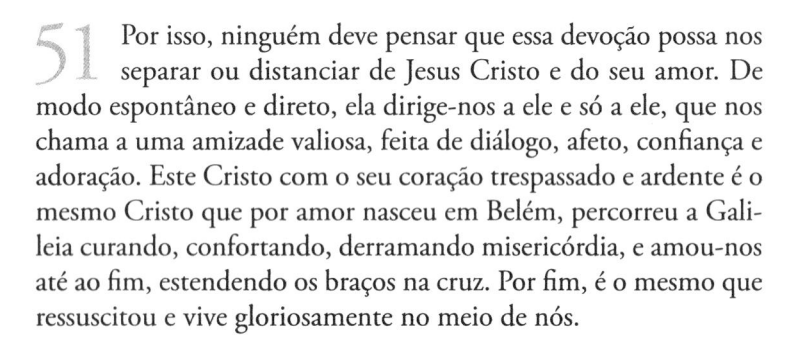

51 Por isso, ninguém deve pensar que essa devoção possa nos separar ou distanciar de Jesus Cristo e do seu amor. De modo espontâneo e direto, ela dirige-nos a ele e só a ele, que nos chama a uma amizade valiosa, feita de diálogo, afeto, confiança e adoração. Este Cristo com o seu coração trespassado e ardente é o mesmo Cristo que por amor nasceu em Belém, percorreu a Galileia curando, confortando, derramando misericórdia, e amou-nos até ao fim, estendendo os braços na cruz. Por fim, é o mesmo que ressuscitou e vive gloriosamente no meio de nós.

A veneração da sua imagem

52 Convém notar que a imagem de Cristo com o seu coração, ainda que de maneira nenhuma possa ser objeto de adoração, não é uma imagem qualquer, entre muitas outras que poderíamos escolher. Não é algo inventado de modo abstrato ou desenhado por um artista, "não é um símbolo imaginário, é um símbolo real, que representa o centro, a fonte da qual brotou a salvação para a humanidade inteira"⁵.

---

2. Pio VI, Constituição *Auctorem fidei* (28 de agosto de 1794), 63. *DH* 2663.
3. Leão XIII, Carta enc. *Annum Sacrum* (25 de maio de 1899): *ASS* 31 (1898-1899), 649.
4. Ibidem: "Inest in Sacro Corde symbolum atque expressa imago infinitae Iesu Christi caritatis".
5. Francisco, *Alocução do* Angelus (9 de junho de 2013): *L'Osservatore Romano* (ed. semanal em português de 16 de junho de 2013), 5.

53. Há uma experiência humana universal que torna essa imagem única. Pois não há dúvida de que, ao longo da história e em várias partes do mundo, o coração tenha se tornado um símbolo da intimidade mais pessoal e também do afeto, emoções e capacidade de amar. Para além de qualquer explicação científica, uma mão colocada sobre o coração de um amigo exprime um afeto especial; quando uma pessoa se apaixona e está perto da pessoa amada, o batimento cardíaco acelera; quando alguém sofre um abandono ou uma desilusão por parte da pessoa amada, sente um forte aperto no coração. Por outro lado, para exprimir que algo é sincero, que vem realmente do centro da pessoa, afirma-se: "Digo do fundo do coração". A linguagem poética não pode ignorar a força dessas experiências. Por isso, é inevitável que, ao longo da história, o coração tenha alcançado uma força simbólica única, que não é meramente convencional.

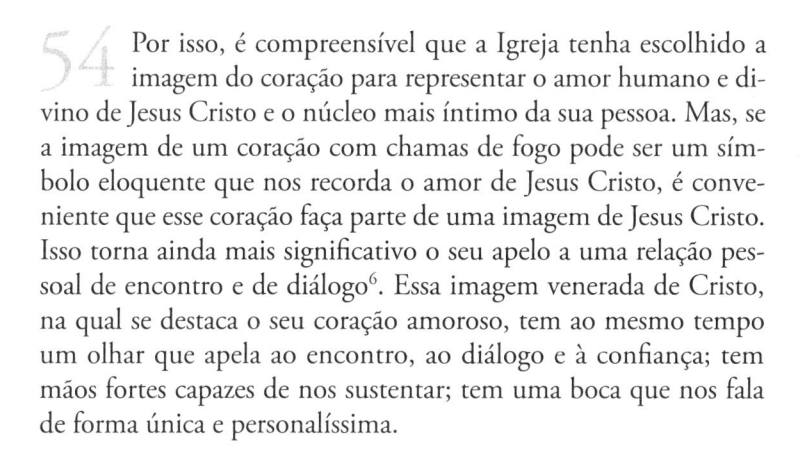

54. Por isso, é compreensível que a Igreja tenha escolhido a imagem do coração para representar o amor humano e divino de Jesus Cristo e o núcleo mais íntimo da sua pessoa. Mas, se a imagem de um coração com chamas de fogo pode ser um símbolo eloquente que nos recorda o amor de Jesus Cristo, é conveniente que esse coração faça parte de uma imagem de Jesus Cristo. Isso torna ainda mais significativo o seu apelo a uma relação pessoal de encontro e de diálogo⁶. Essa imagem venerada de Cristo, na qual se destaca o seu coração amoroso, tem ao mesmo tempo um olhar que apela ao encontro, ao diálogo e à confiança; tem mãos fortes capazes de nos sustentar; tem uma boca que nos fala de forma única e personalíssima.

---

6. Sendo assim, entende-se por que a Igreja proibiu que se coloquem sobre os altares representações isoladas dos corações de Jesus ou de Maria (cf. Resposta da Sagrada Congregação dos Ritos Sacros ao Pe. Charles Lecoq, *P.S.S.*, de 5 de abril de 1879. In: *Decreta Authentica Congregationis Sacrorum Rituum. Ex actis eiusdem collecta*, vol. III, Roma, 1900, 107-108, n. 3492). Fora da Liturgia, "para a devoção privada" (ibidem) pode utilizar-se isoladamente o símbolo de um coração como expressão didática, figura estética ou emblema que convida a pensar no amor de Cristo, mas corre-se o risco de entender o coração como objeto de adoração ou de diálogo espiritual separadamente da pessoa de Cristo. Em 31 de março de 1887, a Congregação deu uma resposta semelhante (ibid., 187, n. 3673).

55\. O coração tem o valor de ser percebido não como um órgão separado, mas como um centro íntimo que gera unidade e, ao mesmo tempo, como expressão da totalidade da pessoa, o que não acontece com outros órgãos do corpo humano. Se é o centro íntimo da totalidade da pessoa e, portanto, uma parte que representa o todo, poderíamos facilmente desnaturalizá-lo caso o contemplássemos separado da figura do Senhor. A imagem do coração deve remeter-nos para a totalidade de Jesus Cristo no seu centro unificador e, a partir dele, simultaneamente deve levar-nos a contemplar Cristo em toda a beleza e riqueza da sua humanidade e da sua divindade.

56\. Isso vai além da atração que podem gerar as várias imagens do Coração de Cristo, pois não é o caso de que, diante das imagens de Cristo, "se deva pedir alguma coisa a essas imagens ou depositar confiança nelas como antigamente faziam os pagãos", mas é "por meio das imagens que beijamos e diante das quais nos descobrimos e prostramos, [que] adoramos a Cristo"⁷.

57\. Além disso, algumas dessas imagens podem parecer-nos pouco atrativas e não nos inspirar muito ao amor e à oração. Isso é secundário, pois a imagem não é mais do que uma figura motivadora e, como diriam os orientais, não devemos fixar-nos no dedo que aponta para a lua. Enquanto a Eucaristia é presença real a ser adorada, neste caso trata-se apenas de uma imagem que, embora tenha sido abençoada, convida-nos a ir além dela, nos orienta a elevar e unir o nosso próprio coração ao de Cristo vivo. A imagem venerada convoca, aponta, conduz, a fim de dedicarmos tempo ao encontro com Cristo e à sua adoração, conforme nos pareça melhor imaginá-lo. Assim, olhando a imagem, estamos diante de Cristo, e diante dele "o amor se detém, contempla o mistério, desfruta dele em silêncio"⁸.

7\. Conc. Ecum. de Trento, Sess. XXV, Decr. *Mandat sancta synodus* (3 de dezembro de 1563). *DH* 1823.

8\. V Conferência Geral do Episcopado Latino-Americano e do Caribe, *Documento de Aparecida* (29 de junho de 2007), 259.

58. Dito tudo isso, não devemos esquecer que essa imagem do coração nos fala de carne humana, da terra, e por isso nos fala também de Deus que quis entrar na nossa condição histórica, fazer-se história e partilhar o nosso caminho terreno. Uma forma de devoção mais abstrata ou estilizada não será necessariamente mais fiel ao Evangelho, porque neste sinal sensível e acessível se manifesta o modo como Deus quis revelar-se e tornar-se próximo de nós.

Amor sensível

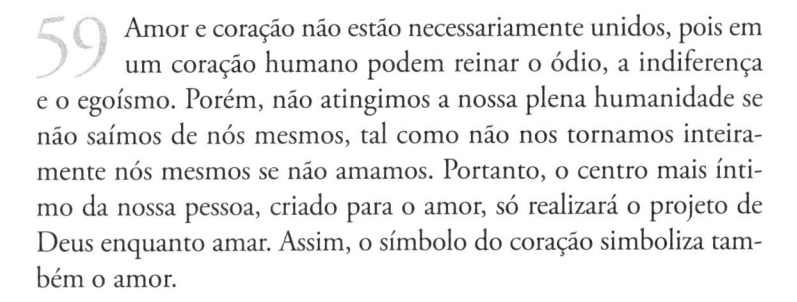

59. Amor e coração não estão necessariamente unidos, pois em um coração humano podem reinar o ódio, a indiferença e o egoísmo. Porém, não atingimos a nossa plena humanidade se não saímos de nós mesmos, tal como não nos tornamos inteiramente nós mesmos se não amamos. Portanto, o centro mais íntimo da nossa pessoa, criado para o amor, só realizará o projeto de Deus enquanto amar. Assim, o símbolo do coração simboliza também o amor.

60. O Filho eterno de Deus, que infinitamente me transcende, quis amar-me também com um coração humano. Os seus sentimentos humanos tornam-se o sacramento de um amor infinito e definitivo. O seu coração não é, portanto, um símbolo físico que só exprime uma realidade meramente espiritual ou separada da matéria. O olhar dirigido ao Coração do Senhor contempla uma realidade física: a sua carne humana, tornando possível que Cristo tenha emoções e sentimentos muito humanos — como nós —, embora plenamente transformados pelo seu amor divino. A devoção deve alcançar o amor infinito da pessoa do Filho de Deus, mas é preciso afirmar que este é inseparável do seu amor humano e, para isso, ajuda-nos a imagem do seu coração de carne.

61. Se ainda hoje o coração é percebido popularmente como o centro afetivo de todo o ser humano, é ele que melhor pode significar o amor divino de Cristo que está unido para sem-

pre e de modo inseparável ao seu amor integralmente humano. Pio XII recordava que a Palavra de Deus, quando "descreve o amor do coração de Jesus, não compreende somente a caridade divina, mas se estende também aos sentimentos do afeto humano. […] Por conseguinte, o coração de Cristo, unido hipostaticamente à pessoa divina do Verbo, sem dúvida deve ter palpitado de amor e de qualquer outro afeto sensível"⁹.

62. Contrariamente a alguns que negavam ou relativizavam a verdadeira humanidade de Cristo, nos Padres da Igreja encontramos uma forte afirmação da realidade concreta e tangível do afeto humano do Senhor. Assim, São Basílio sublinhava que a encarnação do Senhor não era algo fantasioso, mas que "o Senhor possuía os afetos naturais"¹⁰. São João Crisóstomo propunha um exemplo: "Se não tivesse possuído a nossa natureza, não teria experimentado a tristeza uma e outra vez"¹¹. Santo Ambrósio afirmava: "Como tomou a alma, tomou também as paixões da alma"¹². E Santo Agostinho apresentava os afetos humanos como uma realidade que, uma vez assumida por Cristo, já não é alheia à vida da graça: "O Senhor Jesus, não obrigado por necessidade, mas por voluntária compaixão, assumiu este sentimento de fraqueza humana, como aceitara a própria carne na condição da humana fraqueza, para […] se a algum deles [os membros da Igreja] acontecer contristar-se e condoer-se no meio das tentações humanas, não julgue-se por isso alheio à graça de Deus"¹³. Finalmente, São João Damasceno considera esta real experiência afetiva de Cristo na sua humanidade como um sinal de que ele assumiu integralmente a nossa natureza — e não parcialmente — para redimi-la e transformá-la por inteiro. Assim, Cristo assumiu todos os elementos que compõem a natureza humana, a fim de que todos eles fossem santificados¹⁴.

---

9. Carta enc. *Haurietis Aquas* (15 de maio de 1956), 21-22: *AAS* 48 (1956), 323-324.
10. *Epístola* 261, 3: *PG* 32, 972.
11. *In Ioh. homil.* 63, 2: *PL* 59, 350.
12. *De fide ad Gratianum*, II, cap. 7, 56: *PL* 16, 594 (edição de 1880).
13. *Enarrationes in Psalmos* 87, 3: *PL* 37, 1111.
14. Cf. *De fide orthodoxa*, III, 6.20: *PG* 94, 1006.1081.

63\. Vale a pena retomar aqui a reflexão de um teólogo que reconhece que, sob a influência do pensamento grego, a teologia relegou durante muito tempo o corpo e os sentimentos ao universo do "pré-humano, sub-humano ou tentador do verdadeiramente humano", mas "o que a teologia não resolveu na teoria foi resolvido pela espiritualidade na prática. A espiritualidade e a religiosidade popular mantiveram viva a relação com os aspectos somáticos, psicológicos e históricos de Jesus. A Via-Sacra, a devoção às suas chagas, a espiritualidade do Preciosíssimo Sangue, a devoção ao Coração de Jesus, as práticas eucarísticas […]: tudo isso preencheu as lacunas da teologia, alimentando a imaginação e o coração, o amor e a ternura por Cristo, a esperança e a memória, o desejo e a nostalgia. A razão e a lógica tomaram outros caminhos"¹⁵.

Tríplice amor

64\. Entretanto, não nos detemos só nos seus sentimentos humanos, por mais belos e comoventes que sejam, pois, contemplando o Coração de Cristo, reconhecemos como nos seus sentimentos nobres e sadios, na sua ternura, na vibração do seu afeto humano, manifesta-se toda a verdade do seu amor divino e infinito. Isso foi expresso por Bento XVI da seguinte forma: "Do horizonte infinito do seu amor, Deus quis entrar nos limites da história e da condição humana, assumiu um corpo e um coração; de modo que nós possamos contemplar e encontrar o infinito no finito, o Mistério invisível e inefável no Coração humano de Jesus, o Nazareno"¹⁶.

65\. Na realidade, há um tríplice amor que está contido e nos deslumbra na imagem do Coração do Senhor. Primeiramente, o amor divino infinito que encontramos em Cristo. Mas, pensamos também na dimensão espiritual da humanidade do Senhor. Desde esse ponto de vista, "o coração de Cristo é símbolo

---

15\. Olegário González de Cardedal, *La entraña del cristianismo* (Salamanca, 2010), 70-71.
16\. *Alocução do* Angelus (1º de junho de 2008): *L'Osservatore Romano* (ed. semanal em português de 7 de julho de 2008), 7.

de enérgica caridade, que, infundida em sua alma, constitui o precioso dote da sua vontade humana […]. Finalmente […] é símbolo do seu amor sensível"[17].

66. Estes três amores não são capacidades separadas, funcionando de forma paralela ou desconexa, mas atuam e exprimem-se em conjunto e num fluxo constante de vida: "À luz da fé, pela qual cremos que na pessoa de Cristo estão unidas a natureza humana e a natureza divina, podemos conceber os estreitíssimos vínculos que existem entre o amor sensível do coração físico de Jesus e o seu duplo amor espiritual, o humano e o divino"[18].

67. Por isso, entrando no Coração de Cristo, sentimo-nos amados por um coração humano, cheio de afetos e sentimentos como os nossos. A sua vontade humana quer amar-nos livremente, e esse querer espiritual está plenamente iluminado pela graça e pela caridade. Quando chegamos ao mais íntimo desse Coração, somos inundados pela glória incomensurável do seu amor infinito de Filho eterno, que já não podemos separar do seu amor humano. É precisamente no seu amor humano, e não afastando-nos dele, que encontramos o seu amor divino; encontramos "o infinito no finito"[19].

68. É ensinamento constante e definitivo da Igreja que a nossa adoração da sua Pessoa é única, e abrange inseparavelmente tanto a sua natureza divina como a sua natureza humana. Desde os tempos antigos, a Igreja ensinou que devemos "adorar um único e mesmo Cristo, Filho de Deus e do homem, de duas e em duas naturezas inseparáveis e indivisas"[20]. E isso "com uma única adoração […], visto que o Verbo veio a ser carne"[21]. De modo al-

---

17. Pio XII, Carta enc. *Haurietis Aquas* (15 de maio de 1956), 27: *AAS* 48 (1956), 327-328.
18. Ibid., 58: *AAS* 48 (1956), 343-344.
19. Bento XVI, *Alocução do* Angelus (1º de junho de 2008): *L'Osservatore Romano* (ed. semanal em português de 7 de julho de 2008), 7.
20. Vigílio, Constituição *Inter innumeras sollicitudines* (14 de maio de 553): *DH* 420.
21. Conc. Ecum. de Éfeso, *Anatematismos de Cirilo de Alexandria*, 8: *DH* 259.

gum Cristo é "adorado em duas naturezas, introduzindo com isso duas adorações", mas deve-se "venerar com única adoração o Deus Verbo encarnado junto com a sua carne"[22].

69. São João da Cruz quis exprimir que, na experiência mística, o amor incomensurável de Cristo ressuscitado não é sentido como estranho à nossa vida. O Infinito de algum modo desce para que, através do Coração aberto de Cristo, possamos experimentar um encontro de amor verdadeiramente recíproco: "É bem possível que a ave de voo baixo possa prender a águia-real das alturas, quando ela se abaixa querendo ser presa"[23]. E explica que "vendo a esposa ferida pelo seu amor, acorre ao seu gemido, ferido também ele pelo amor dela; é que, nos apaixonados, a ferida de um é de ambos, e os dois sentem o mesmo"[24]. Este místico entende a figura do lado ferido de Cristo como um apelo à plena união com o Senhor. Ele é o cervo vulnerado, ferido quando ainda não nos tínhamos deixado tocar pelo seu amor, que desce às correntes de água para saciar a sua própria sede e que encontra conforto sempre que nos dirigimos a ele:

Volta, minha pomba,
Que, ferido, o veado
Lá no outeiro assoma
Ao sopro do teu voo e o fresco toma[25].

Perspectivas trinitárias

70. A devoção ao Coração de Jesus é marcadamente cristológica; é uma contemplação direta de Cristo que convida à união com ele. Isso é legítimo, se tivermos em conta o que pede a

---

22. Conc. Ecum. II de Constantinopla, Sess. VIII (2 de junho de 533), Cân. 9: *DH* 431.
23. *Cântico espiritual* (B — segunda redação), Canção 31, 8: São João da Cruz, *Obras completas* (Avessadas, 2005), 688.
24. Ibid., Canção 13, 9: *o. c.*, 600.
25. Ibid., Canção 13, 1: *o. c.*, 596.

Carta aos Hebreus: realizar a nossa prova "Tenhamos bem diante dos olhos o exemplo de Jesus" (Hb 12,2). Entretanto, não podemos ignorar que, ao mesmo tempo, Jesus se apresenta como o caminho para ir ao Pai: "Eu sou o Caminho […]. Ninguém vai ao Pai senão por mim" (Jo 14,6). Ele quer conduzir-nos ao Pai. É por isso que a pregação da Igreja, desde o início, não nos detém em Jesus Cristo mas nos conduz ao Pai. Ele é quem, por fim, enquanto plenitude originária, deve ser glorificado[26].

71. Detenhamo-nos, por exemplo, na carta aos Efésios, na qual podemos ver com força e clareza como a nossa adoração se dirige ao Pai: "dobro os joelhos diante do Pai" (Ef 3,14). "[…] só há um Deus que é Pai de todos, e está acima de todos, age por todos e em todos" (Ef 4,6). "Dai sempre graças a Deus Pai, por todas as coisas" (Ef 5,20). O Pai é aquele a quem estamos destinados (cf. 1Cor 8,6). Por isso, São João Paulo II dizia que "toda a vida cristã é como uma grande peregrinação para a casa do Pai"[27]. É o que experimentou Santo Inácio de Antioquia no seu caminho para o martírio: "Dentro de mim, há uma água viva, que murmura e diz: 'Vem para o Pai'"[28].

72. Ele é, acima de tudo, o Pai de Jesus Cristo: "Bendito seja Deus, Pai de nosso Senhor Jesus Cristo" (Ef 1,3). É "o Deus de nosso Senhor, Jesus Cristo, Pai da glória" (Ef 1,17). Quando o Filho se fez homem, todos os desejos e aspirações do seu coração humano se dirigiam ao Pai. Se virmos como Cristo se referia ao Pai, podemos constatar este fascínio do seu coração humano, esta orientação perfeita e constante para o Pai[29]. A sua história nesta

---

26. "[…] para nós há um só Deus: o Pai, do qual tudo vem e para o qual fomos feitos" (1Cor 8,6). "Glória ao nosso Deus e Pai para sempre! Amém!" (Fl 4,20). "Bendito seja o Deus e Pai de nosso Senhor Jesus Cristo, o Pai das misericórdias e o Deus de toda a consolação" (2Cor 1,3).
27. Carta Ap. *Tertio millennio adveniente* (10 de novembro de 1994), 49: *AAS* 87 (1995), 35.
28. *Ad Rom.*, 7: *PG* 5, 694.
29. "[…] é preciso que o mundo saiba que eu amo o Pai" (Jo 14,31). "Eu e o Pai somos um" (Jo 10,30). "Eu estou no Pai e o Pai está em mim" (cf. Jo 14,10).

nossa terra foi um caminhar sentindo no seu coração humano um apelo incessante para ir ao Pai[30].

73. Sabemos que a palavra aramaica que ele usou para se dirigir ao Pai foi "*Abbá*", que significa "paizinho". No seu tempo, esta familiaridade incomodava alguns (cf. Jo 5,18). É a expressão que Jesus usa para falar com o Pai quando surgiu a angústia da morte: "Abbá (Pai)! Tudo te é possível: afasta de mim este cálice; porém, não o que eu quero, mas o que tu queres!" (Mc 14,36). Reconheceu-se sempre amado pelo Pai: "por me teres amado antes da criação do mundo" (Jo 17,24). E, no seu coração humano, Jesus ficou em êxtase ao ouvir o Pai dizer-lhe: "Tu és o Meu Filho bem-amado! Em ti encontro toda a minha satisfação" (Mc 1,11).

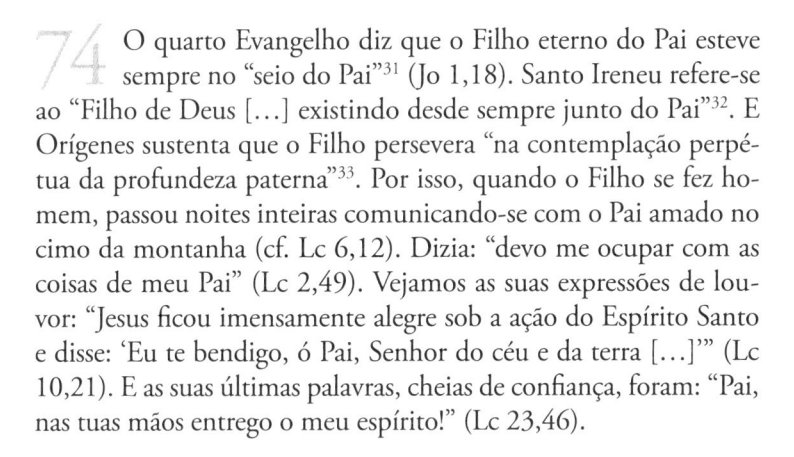

74. O quarto Evangelho diz que o Filho eterno do Pai esteve sempre no "seio do Pai"[31] (Jo 1,18). Santo Ireneu refere-se ao "Filho de Deus [...] existindo desde sempre junto do Pai"[32]. E Orígenes sustenta que o Filho persevera "na contemplação perpétua da profundeza paterna"[33]. Por isso, quando o Filho se fez homem, passou noites inteiras comunicando-se com o Pai amado no cimo da montanha (cf. Lc 6,12). Dizia: "devo me ocupar com as coisas de meu Pai" (Lc 2,49). Vejamos as suas expressões de louvor: "Jesus ficou imensamente alegre sob a ação do Espírito Santo e disse: 'Eu te bendigo, ó Pai, Senhor do céu e da terra [...]'" (Lc 10,21). E as suas últimas palavras, cheias de confiança, foram: "Pai, nas tuas mãos entrego o meu espírito!" (Lc 23,46).

75. Voltemos agora o nosso olhar para o Espírito Santo, que enche o Coração de Cristo e arde nele. Porque, como dizia São João Paulo II, o Coração de Cristo é "a obra-prima do Espírito Santo"[34]. Não se trata apenas de uma coisa do passado, pois "no

---

30. "Vou para o Pai" (*pròs tòn Patéra*: Jo 16,28). "Eu vou para ti" (*pròs sè*: cf. Jo 17,11).
31. "*Eis tòn kólpon tou Patròs*".
32. *Adv. Haer.*, III, 18, 1: *PG* 7, 932.
33. *In Ioh.*, II, 2: *PG* 14, 110.
34. *Alocução do* Angelus (23 de junho de 2002): *L'Osservatore Romano* (ed. semanal em português de 29 de junho de 2002), 1.

Coração de Cristo é viva a ação do Espírito Santo, ao qual Jesus atribuiu a inspiração da sua missão (cf. Lc 4,18; Is 61,1) e do qual na Última Ceia prometera o envio. É o Espírito que ajuda a acolher a riqueza do sinal do lado trespassado de Cristo, do qual brotou a Igreja (cf. Const. *Sacrosanctum Concilium*, 5)"[35]. Em suma, "só o Espírito Santo pode abrir diante de nós esta plenitude do 'homem interior', que se encontra no Coração de Cristo. Somente ele pode fazer com que dessa plenitude consigam haurir força, gradualmente, também os nossos corações humanos"[36].

76. Se buscamos aprofundar o mistério da ação do Espírito, vemos que ele geme em nós e diz "*Abbá*": "E a prova de que sois filhos, é que Deus enviou aos nossos corações o Espírito de seu Filho, que clama: 'Abbá-Papai'" (Gl 4,6). Com efeito, "o próprio Espírito se une ao nosso espírito para atestar que somos filhos de Deus" (Rm 8,16). A ação do Espírito Santo no coração humano de Cristo provoca constantemente essa atração ao Pai. E quando pela graça nos une aos sentimentos de Cristo, faz-nos participantes da relação do Filho com o Pai, é o "Espírito que faz de vós filhos adotivos. É por ele que clamamos: Abbá, ó Pai!" (cf. Rm 8,15).

77. Assim, a nossa relação com o Coração de Cristo transforma-se sob o impulso do Espírito, que nos orienta para o Pai, fonte da vida e origem última da graça. O próprio Cristo não deseja que nos detenhamos somente nele. O amor de Cristo é "revelação da misericórdia do Pai"[37]. O seu desejo é que, impelidos pelo Espírito que brota do seu Coração, "com ele e nele" nos dirijamos ao Pai. A glória dirige-se ao Pai "por" Cristo[38], "com" Cristo[39]

---

35. São João Paulo II, *Mensagem por ocasião do centenário da consagração do gênero humano ao divino Coração de Jesus* (Varsóvia, 11 de junho de 1999): *L'Osservatore Romano* (ed. semanal em português de 19 de junho de 1999), 3.
36. Idem, *Alocução do* Angelus (8 de junho de 1986): *L'Osservatore Romano* (ed. semanal em português de 15 de junho de 1986), 1.
37. Francisco, *Homilia*. Visita à policlínica "Gemelli" (27 de junho de 2014): *L'Osservatore Romano* (ed. semanal em português de 3 de julho de 2014), 9.
38. Cf. Efésios 1,5.7; 2,18; 3,12.
39. Cf. Efésios 2,5-6; 4,15.

e "em" Cristo⁴⁰. São João Paulo II ensinou que "o Coração do Salvador convida a subir de novo ao amor do Pai, que é a fonte de todo o amor autêntico"⁴¹. É isso mesmo que o Espírito Santo, chegando a nós a partir do Coração de Cristo, procura alimentar nos nossos corações. Por isso, a liturgia, sob a ação vivificante do Espírito, dirige-se sempre ao Pai a partir do Coração ressuscitado de Cristo.

Expressões recentes do Magistério

78. O Coração de Cristo esteve presente na história da espiritualidade cristã de diversas maneiras. Na Bíblia e nos primeiros séculos da Igreja, aparecia sob a figura do lado ferido do Senhor, quer como fonte de graça, quer como apelo a um encontro íntimo de amor. Assim reapareceu constantemente no testemunho de muitos santos até nossos tempos. Nos últimos séculos, essa espiritualidade tomou a forma de um verdadeiro culto ao Coração do Senhor.

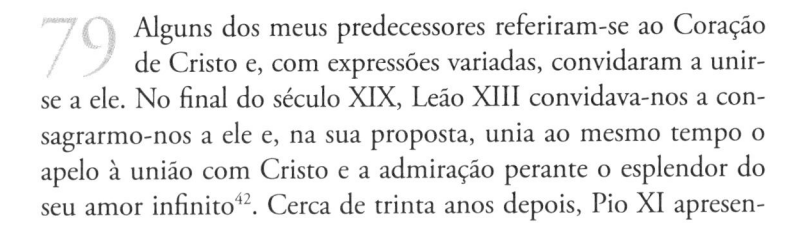

79. Alguns dos meus predecessores referiram-se ao Coração de Cristo e, com expressões variadas, convidaram a unir-se a ele. No final do século XIX, Leão XIII convidava-nos a consagrarmo-nos a ele e, na sua proposta, unia ao mesmo tempo o apelo à união com Cristo e a admiração perante o esplendor do seu amor infinito⁴². Cerca de trinta anos depois, Pio XI apresen-

---

40. Cf. Efésios 1,3-4.6-7.11.13.15; 2,10.13.21-22; 3,6.11.21.
41. *Mensagem por ocasião do centenário da consagração do gênero humano ao divino Coração de Jesus* (Varsóvia, 11 de junho de 1999): *L'Osservatore Romano* (ed. semanal em português de 19 de junho de 1999), 2.
42. "Pois que o Sagrado Coração é o símbolo e a imagem sensível da caridade infinita de Jesus Cristo, caridade que nos anima a amarmo-nos uns aos outros, é natural que nos consagremos a este Coração Santíssimo. Proceder assim é darmo-nos e ligarmo-nos a Jesus Cristo [...]. Hoje, eis que um outro emblema bendito e divino se oferece aos nossos olhos. É o Coração Sacratíssimo de Jesus, sobre o qual se ergue a cruz e que brilha com magnífico esplendor no meio das chamas. Nele devemos colocar todas as nossas esperanças; devemos pedir-lhe e esperar dele a salvação dos homens". Carta enc. *Annum Sacrum* (25 de maio de 1899): *ASS* 31 (1898-1899), 649, 651.

tou essa devoção como o resumo da experiência da fé cristã[43]. Além disso, Pio XII sustentou que o culto ao Sagrado Coração exprime de forma excelente, como uma síntese sublime, a nossa adoração a Jesus Cristo[44].

80. Mais recentemente, São João Paulo II apresentou o desenvolvimento desse culto nos séculos passados como uma resposta ao crescimento de formas de espiritualidade rigoristas e desencarnadas que esqueciam a misericórdia do Senhor; mas, ao mesmo tempo, como um apelo contemporâneo a um mundo que procura construir-se sem Deus: "A devoção ao Sagrado Coração, do modo como se desenvolveu na Europa de há dois séculos, sob o impulso das experiências místicas de Santa Margarida Maria Alacoque, foi a resposta à rigorosidade jansenista, que tinha acabado por menosprezar a infinita misericórdia de Deus. [...] O homem do Ano 2000 tem necessidade do Coração de Cristo para conhecer Deus e para conhecer a si mesmo; tem necessidade dele para construir a civilização do amor"[45].

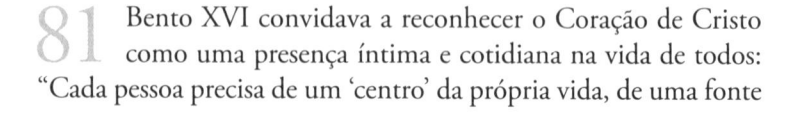

81. Bento XVI convidava a reconhecer o Coração de Cristo como uma presença íntima e cotidiana na vida de todos: "Cada pessoa precisa de um 'centro' da própria vida, de uma fonte

---

[43]. "Neste símbolo, dentre todos o mais auspicioso, e no culto que ao Coração de Jesus tributamos, acaso não encontramos a síntese de toda a religião e regra de vida mais perfeita? Com efeito, esta devoção leva em pouco tempo as almas a estudar mais intimamente Cristo Jesus; excita-as com mais eficácia a um amor mais entusiasta, à mais fiel imitação". Carta enc. *Miserentissimus Redemptor* (8 de maio de 1928), 3: *AAS* 20 (1928), 167.

[44]. "É um ato de religião excelentíssimo, visto exigir de nós uma plena e inteira vontade de entrega e consagração ao amor do divino Redentor, do qual é sinal e símbolo vivo o seu coração traspassado [...]. Nele podemos considerar não só um símbolo, mas também algo como um compêndio de todo o mistério da nossa redenção [...]. Jesus Cristo, de forma expressa e repetidas vezes, indicou o seu coração como símbolo para estimular nos homens o conhecimento e a estima do seu amor; e ao mesmo tempo o constituiu como sinal e penhor de misericórdia e de graça para as necessidades da Igreja nos tempos modernos". Carta enc. *Haurietis Aquas* (15 de maio de 1956), 4, 43, 52: *AAS* 48 (1956), 311, 336, 340.

[45]. *Catequese* (8 de junho de 1994): *L'Osservatore Romano* (ed. semanal em português de 11 de junho de 1994), 8.

de verdade e de bondade da qual beber diante das diversas situações e da fadiga da vida cotidiana. Cada um de nós, quando se detém no silêncio, precisa de ouvir não só o palpitar do próprio coração, mas, mais em profundidade, o pulsar de uma presença de confiança, perceptível com os sentidos da fé e contudo muito mais real: a presença de Cristo, coração do mundo"[46].

Aprofundamento e atualidade

82. A imagem expressiva e simbólica do Coração de Cristo não é o único recurso que o Espírito Santo nos dá para encontrar o amor de Cristo, e terá sempre necessidade de ser enriquecida, iluminada e renovada através da meditação, da leitura do Evangelho e do amadurecimento espiritual. Pio XII dizia que a Igreja não pretende que "no coração de Jesus deva ser vista e adorada sua chamada imagem formal, quer dizer, a representação perfeita e absoluta do seu amor divino, não sendo possível, como não é, representar adequadamente por qualquer imagem criada a íntima essência desse amor"[47].

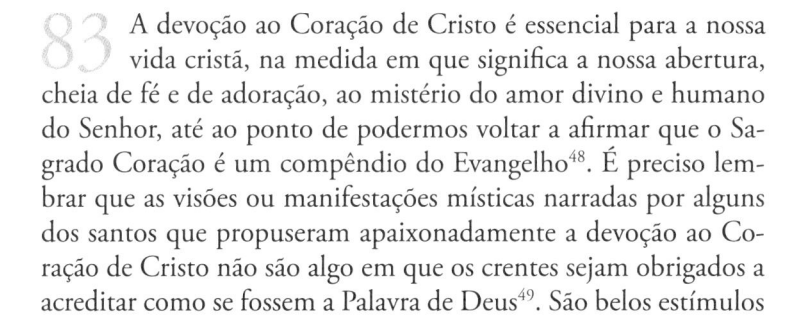

83. A devoção ao Coração de Cristo é essencial para a nossa vida cristã, na medida em que significa a nossa abertura, cheia de fé e de adoração, ao mistério do amor divino e humano do Senhor, até ao ponto de podermos voltar a afirmar que o Sagrado Coração é um compêndio do Evangelho[48]. É preciso lembrar que as visões ou manifestações místicas narradas por alguns dos santos que propuseram apaixonadamente a devoção ao Coração de Cristo não são algo em que os crentes sejam obrigados a acreditar como se fossem a Palavra de Deus[49]. São belos estímulos

---

46. *Alocução do* Angelus (1º de junho de 2008): *L'Osservatore Romano* (ed. semanal em português de 7 de julho de 2008), 7.
47. Carta enc. *Haurietis Aquas* (15 de maio de 1956), 58: *AAS* 48 (1956), 344.
48. Cf. Ibid., 43: *AAS* 48 (1956), 336.
49. "O valor das revelações privadas é essencialmente diverso do da única revelação pública: esta exige a nossa fé […]. Uma revelação privada […] é uma ajuda, que é oferecida, mas da qual não é obrigatório fazer uso". Bento XVI, Exort. ap. póssinodal *Verbum Domini* (30 de setembro de 2010), 14: *AAS* 102 (2010), 696.

que podem motivar e fazer muito bem, embora ninguém se deva sentir obrigado a segui-los se não achar de proveito no seu caminho espiritual. Do mesmo modo, é necessário recordar sempre, como afirmou Pio XII, que não se pode dizer que esse culto "deve a sua origem a revelações privadas"⁵⁰.

84. A proposta da comunhão eucarística nas primeiras sextas-feiras do mês, por exemplo, era uma mensagem forte em uma época em que muitas pessoas deixavam de comungar por não confiarem no perdão divino, na sua misericórdia, e consideravam a comunhão como uma espécie de recompensa para os perfeitos. Naquele contexto jansenista, a promoção dessa prática fez muito bem, ajudando-nos a reconhecer na Eucaristia o amor gratuito e próximo do Coração de Cristo que nos chama à união com ele. Podemos afirmar que hoje também faria muito bem por outra razão: porque no meio do turbilhão do mundo atual e da nossa obsessão pelo lazer, pelo consumo e pela distração, pelos telefones e pelas redes sociais, esquecemo-nos de alimentar a nossa vida com a força da Eucaristia.

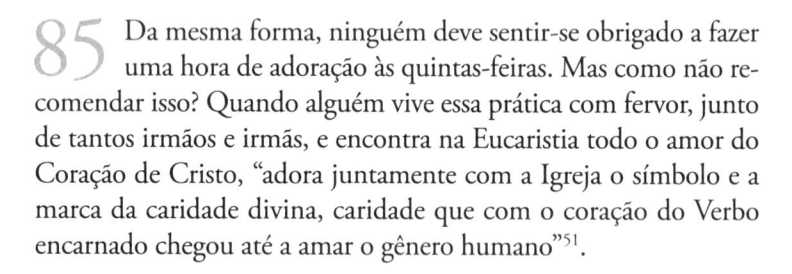

85. Da mesma forma, ninguém deve sentir-se obrigado a fazer uma hora de adoração às quintas-feiras. Mas como não recomendar isso? Quando alguém vive essa prática com fervor, junto de tantos irmãos e irmãs, e encontra na Eucaristia todo o amor do Coração de Cristo, "adora juntamente com a Igreja o símbolo e a marca da caridade divina, caridade que com o coração do Verbo encarnado chegou até a amar o gênero humano"⁵¹.

86. Isso era difícil de compreender para muitos jansenistas, que desprezavam tudo o que era humano, afetivo, corpóreo, e entendiam, em última análise, que esta devoção nos afastava da mais pura adoração ao Deus Altíssimo. Pio XII chamou "falso misticismo"⁵² a essa atitude arrogante de alguns grupos que viam a

---

50. Carta enc. *Haurietis Aquas* (15 de maio de 1956), 52: *AAS* 48 (1956), 340.
51. Ibid., 58: *AAS* 48 (1956), 344.
52. Ibid., 57: *AAS* 48 (1956), 344.

Deus tão alto, tão separado, tão distante, que consideravam as expressões sensíveis da piedade popular perigosas e carentes de controle eclesiástico.

87 Poder-se-ia afirmar que hoje, mais do que o jansenismo, enfrentamos um forte avanço da secularização que visa um mundo livre de Deus. Acrescenta-se a isso, a multiplicação na sociedade de várias formas de religiosidade sem referência a uma relação pessoal com um Deus de amor, que são novas manifestações de uma "espiritualidade sem carne". Isso é real. No entanto, devo advertir que, no seio da própria Igreja, o nefasto dualismo jansenista renasceu com novos rostos. Ganhou força renovada nas últimas décadas, mas é uma manifestação daquele gnosticismo que já nos primeiros séculos da fé cristã causava dano à espiritualidade e ignorava a verdade da "salvação da carne". Por isso, dirijo o meu olhar para o Coração de Cristo e convido a renovar esta devoção. Espero que possa ser atrativa também à sensibilidade atual e que nos ajude assim a enfrentar esses velhos e novos dualismos, aos quais oferece uma resposta adequada.

88 Gostaria de acrescentar que o Coração de Cristo nos liberta, ao mesmo tempo, de um outro dualismo: o de comunidades e pastores concentrados apenas em atividades exteriores, em reformas estruturais desprovidas de Evangelho, em organizações obsessivas, em projetos mundanos, em reflexões secularizadas, em várias propostas apresentadas como requisitos que, por vezes, pretendem impor a todos. O resultado é, muitas vezes, um cristianismo que esqueceu a ternura da fé, a alegria do serviço, o fervor da missão pessoa a pessoa, a cativante beleza de Cristo, a gratidão emocionante pela amizade que ele oferece e pelo sentido último que dá à vida. Em suma, outra forma de transcendentalismo enganador, igualmente desencarnado.

89 Essas doenças tão atuais, das quais — se nos deixamos aprisionar — nem sequer sentimos o desejo de ser curados, levam-me a propor a toda a Igreja um novo aprofundamento sobre o amor de Cristo representado no seu santo Coração. Aí en-

contramos todo o Evangelho, aí está sintetizada a verdade em que acreditamos, aí está tudo o que adoramos e procuramos na fé, aí está o que mais precisamos.

90. Perante o Coração de Cristo, é possível voltar à síntese encarnada do Evangelho e viver o que propus há pouco, recordando a amada Santa Teresa do Menino Jesus: "A atitude mais adequada é depositar a confiança do coração fora de nós mesmos, ou seja, na infinita misericórdia de um Deus que ama sem limites e que deu tudo na Cruz de Jesus"[53]. Ela viveu-a intensamente porque descobriu no coração de Cristo que Deus é amor: "A mim deu-me a sua Misericórdia infinita, e é através dela que contemplo e adoro as demais perfeições divinas"[54]. É por isso que a oração mais popular, dirigida como um dardo ao Coração de Cristo, diz simplesmente: "Eu confio em Vós"[55]. Não são necessárias mais palavras.

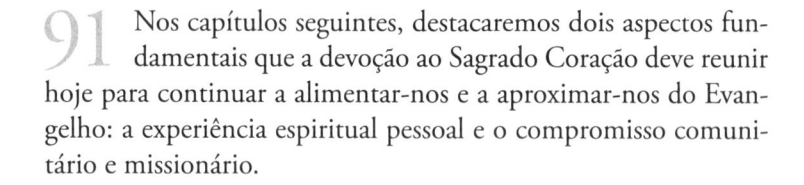

91. Nos capítulos seguintes, destacaremos dois aspectos fundamentais que a devoção ao Sagrado Coração deve reunir hoje para continuar a alimentar-nos e a aproximar-nos do Evangelho: a experiência espiritual pessoal e o compromisso comunitário e missionário.

---

53. Francisco, Exort. ap. *C'est la confiance* (15 de outubro de 2023), 20: *L'Osservatore Romano* (ed. semanal em português de 19 de outubro de 2023), 6.
54. *Ms A*, 83 vº: Santa Teresa do Menino Jesus, *Obras completas* (Avessadas, 1996), 214.
55. Santa Maria Faustina Kowalska, *Diário*, 22 de fevereiro de 1931, I Caderno, 47 (Curitiba, 2019), 34.

Capítulo IV
Amor que dá de beber

92. Voltemos à Sagrada Escritura, aos textos inspirados que são o lugar principal onde encontramos a Revelação. Nelas e na Tradição viva da Igreja, está contido o que o próprio Senhor quis dizer a nós para toda a história. A partir da leitura de textos do Antigo e do Novo Testamentos, recolheremos alguns dos efeitos da Palavra no longo caminho espiritual do povo de Deus.

Sede do amor de Deus

93. A Bíblia mostra que uma abundância de água vivificante foi anunciada ao povo que tinha caminhado pelo deserto e esperava a libertação: "Com alegria haurireis a água nas fontes da salvação" (Is 12,3). Os anúncios messiânicos assumiram a forma de uma fonte de água purificadora: "Aspergirei água pura sobre vós e ficareis purificados […]. Dar-vos-ei um coração novo e porei em vosso peito um espírito novo" (Ez 36,25-26). É a água que restituirá ao povo uma existência plena, como uma fonte que jorra do templo e, ao passar, derrama vida e saúde: "Ao voltar, vi grandes árvores sobre ambas as margens do rio. […] Acontecerá que, em qualquer parte aonde chegar este rio, qualquer ser que por lá se movimente conservará a vida. […] pois aonde o rio chega traz a saúde, e tudo que entra em contato com ele conservará a vida" (Ez 47,7.9).

94. A festa judaica das Tendas (*Sukkot*), que comemorava os quarenta anos no deserto, tinha gradualmente assumido

o símbolo da água como elemento central, e previa para cada manhã um rito de oferenda de água, que se tornava muito solene no último dia da festa: fazia-se uma grande procissão até ao templo onde, finalmente, eram dadas sete voltas em torno do altar e, com grande alvoroço, se oferecia água a Deus[1].

95. O anúncio da chegada do tempo messiânico é apresentado como uma fonte aberta para o povo: "Derramarei sobre a casa de Davi e sobre os habitantes de Jerusalém um espírito de graça e de súplica. Erguerão, então, o olhar para mim, aquele a quem traspassaram. [...] Naquele dia haverá uma fonte aberta para a casa de Davi e para os habitantes de Jerusalém destinada ao pecado e à mancha" (cf. Zc 12,10; 13,1).

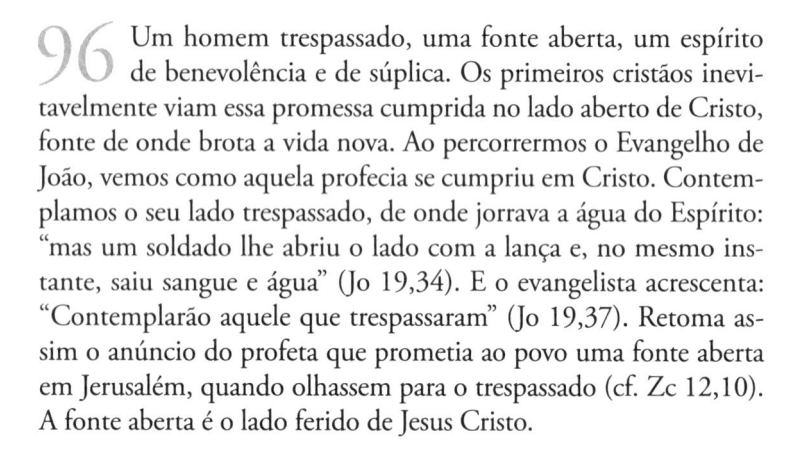

96. Um homem trespassado, uma fonte aberta, um espírito de benevolência e de súplica. Os primeiros cristãos inevitavelmente viam essa promessa cumprida no lado aberto de Cristo, fonte de onde brota a vida nova. Ao percorrermos o Evangelho de João, vemos como aquela profecia se cumpriu em Cristo. Contemplamos o seu lado trespassado, de onde jorrava a água do Espírito: "mas um soldado lhe abriu o lado com a lança e, no mesmo instante, saiu sangue e água" (Jo 19,34). E o evangelista acrescenta: "Contemplarão aquele que trespassaram" (Jo 19,37). Retoma assim o anúncio do profeta que prometia ao povo uma fonte aberta em Jerusalém, quando olhassem para o trespassado (cf. Zc 12,10). A fonte aberta é o lado ferido de Jesus Cristo.

97. Notemos que o próprio Evangelho anuncia este momento sagrado, precisamente "No último dia, que é o mais solene da festa" das Tendas (Jo 7,37). Naquele momento, Jesus bradou ao povo que celebrava, na grande procissão: "Se alguém tiver sede, venha a mim [...]. Do seu seio correrão rios de água viva" (Jo 7,37-38). Para isso, era preciso que chegasse a sua "hora", "visto como Jesus ainda não tinha sido glorificado" (Jo 7,39). Tudo se cumpriu na fonte transbordante da Cruz.

---

1. Cf. *Mišna Sukkâ* IV, 5. 9.

98 No Apocalipse, reaparece tanto o Trespassado — "Todo olho o verá, e também aqueles que o transpassaram" (Ap 1,7) — como a fonte aberta — "Que venha quem tem sede! E aquele que quiser, receba gratuitamente a água viva" (Ap 22,17).

99 O lado trespassado é também a sede do amor, um amor que Deus declarou ao seu povo com tantas palavras diferentes que vale a pena recordar:

Pois és de valor aos meus olhos, és precioso e eu te amo (Is 43,4).

Uma mulher olvida a criança de peito? Não estimará o filho de suas entranhas? Embora alguma se esquecesse, eu jamais te esqueceria! Vê, eu te gravei nas palmas de minhas mãos (Is 49,15-16).

Podem os montes mover-se e as colinas abalar-se; meu amor para contigo não se retirará, e minha aliança de paz não se abalará (Is 54,10).

Com amor eterno eu te amei, por isso conservei-te meu favor (Jr 31,3).

Javé, teu Deus, está em teu seio, o herói, o salvador! Por ti ele exulta de alegria e seu amor renovar-te-á. Por ti ele se rejubila com alegria (Sf 3,17).

100 O profeta Oseias chega a falar do coração de Deus: "Eu os atraía com atrativos humanos, com enlaçamentos de amor" (Os 11,4). Por causa desse mesmo amor desprezado, podia dizer: "Dentro de mim meu coração se comove, e minhas entranhas se agitam de emoção" (Os 11,8). Mas sempre vencerá a misericórdia (cf. Os 11,9), que alcançará a sua expressão máxima em Cristo, palavra definitiva de amor.

101 No Coração trespassado de Cristo estão concentradas, escritas na carne, todas as expressões de amor das Escrituras. Não se trata de um amor simplesmente declarado, mas o seu lado aberto é fonte de vida para o amado; é aquela fonte que sacia a sede do seu povo. Como ensinou São João Paulo II, "os ele-

mentos essenciais desta devoção pertencem também de modo permanente na espiritualidade da Igreja ao longo da sua história; porque desde o princípio a Igreja elevou o seu olhar para o Coração de Cristo trespassado na Cruz"².

Ressonâncias da Palavra na história

102 Consideremos alguns dos efeitos que esta Palavra de Deus produziu na história da fé cristã. Vários Padres da Igreja, sobretudo da Ásia Menor, mencionaram a chaga do lado de Jesus como a origem da água do Espírito: a Palavra, a sua graça e os sacramentos que a comunicam. A força dos mártires vive da "fonte celeste de água viva que brota das entranhas de Cristo"³, ou, como traduz Rufino, "das fontes celestes e eternas que procedem das entranhas de Cristo"⁴. Os fiéis, que renascemos pelo Espírito, vimos dessa fenda do rochedo, "saímos do ventre de Cristo"⁵. O seu lado ferido, que interpretamos como o seu coração, está cheio do Espírito Santo, e a partir dele chegam até nós rios de água viva: "Em Cristo permanece a fonte de todo o Espírito Santo"⁶. Mas o Espírito que recebemos não nos afasta do Senhor ressuscitado, antes nos enche dele, porque, ao bebermos do Espírito, bebemos o próprio Cristo: "Bebe Cristo, porque é a rocha que jorra água; bebe Cristo, porque é a fonte da vida; bebe Cristo, porque é o rio cujo ímpeto alegra a cidade de Deus; bebe Cristo, porque é a paz; bebe Cristo, porque do seu ventre brota um rio de água viva"⁷.

---

2. *Carta ao Prepósito-Geral da Companhia de Jesus*, Paray-le-Monial (5 de outubro de 1986): *L'Osservatore Romano* (ed. semanal em português de 12 de outubro de 1986), 9.
3. *Ata dos mártires de Lião*. In: Eusébio de Cesareia, *Hist. Eccles.*, V, 1, 22: *PG* 20, 418.
4. Rufino de Aquileia (Trad.), *Hist. Eccles.*, V, 1, 22 in: *Griechischen Christlichen Schriftsteller* 9/1 — *Eusebius Werke* II/1, 411.
5. São Justino, *Dial.* 135: *PG* 6, 787.
6. Novaciano, *De Trinitate*, 29: *PL* 3, 944. Cf. São Gregório de Elvira, *Tractatus Origenis de libris Sanctarum Scripturarum*, tract. XX, 12: *CCSL* 69, 144.
7. Santo Ambrósio, *Expl. Ps.* I, 33: *PL* 14, 983-984.

103 Santo Agostinho abriu o caminho para a devoção ao Sagrado Coração como lugar de encontro pessoal com o Senhor. Ou seja, para ele o lado de Cristo não é só fonte de graça e de sacramentos, mas personaliza-o, apresentando-o como símbolo da união íntima com Cristo, como lugar de um encontro amoroso. É aí que reside a origem da sabedoria mais preciosa, que é conhecê-lo. Com efeito, Agostinho escreve que João, o amado, quando inclinou a sua cabeça sobre o peito de Jesus durante a última ceia, aproximou-se do lugar secreto da sabedoria[8]. Não se trata da simples contemplação intelectual de uma verdade teológica. São Jerônimo explica que uma pessoa capaz de contemplar "não retira das correntes de água nenhum deleite, mas bebe a água viva do lado do Senhor"[9].

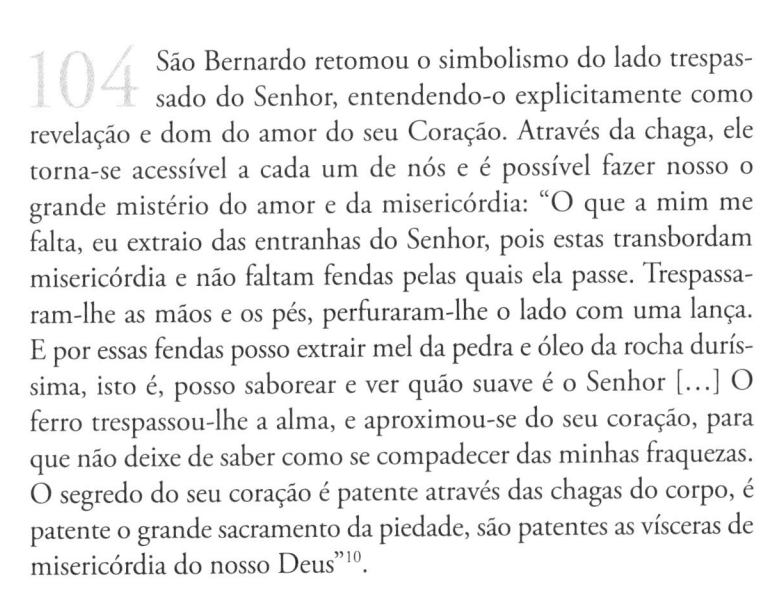

104 São Bernardo retomou o simbolismo do lado trespassado do Senhor, entendendo-o explicitamente como revelação e dom do amor do seu Coração. Através da chaga, ele torna-se acessível a cada um de nós e é possível fazer nosso o grande mistério do amor e da misericórdia: "O que a mim me falta, eu extraio das entranhas do Senhor, pois estas transbordam misericórdia e não faltam fendas pelas quais ela passe. Trespassaram-lhe as mãos e os pés, perfuraram-lhe o lado com uma lança. E por essas fendas posso extrair mel da pedra e óleo da rocha duríssima, isto é, posso saborear e ver quão suave é o Senhor [...] O ferro trespassou-lhe a alma, e aproximou-se do seu coração, para que não deixe de saber como se compadecer das minhas fraquezas. O segredo do seu coração é patente através das chagas do corpo, é patente o grande sacramento da piedade, são patentes as vísceras de misericórdia do nosso Deus"[10].

105 Isso reaparece de forma especial em Guilherme de Saint-Thierry, que convidava a entrar no Coração de Jesus,

---
8. Cf. *Tract. in Joann. Ev.* 61, 6: *PL* 35, 1801.
9. *Epist. III, ad Ruffinum*, 4: *PL* 22, 334.
10. *Sermones in Cant.* 61, 4: *PL* 183, 1072.

que nos alimenta no seu próprio seio[11]. Não é de admirar, se recordamos que para esse autor "a arte do amor é a arte das artes [...]. Esse mesmo amor é incutido pelo Criador [...]. Com efeito, o amor é uma força da alma, que a conduz por um peso natural ao lugar e ao fim que lhe são próprios"[12]. Esse lugar que lhe é próprio, onde o amor reina em plenitude, é o Coração de Cristo: "Aonde pois, Senhor, conduzis aqueles que abraçais e estreitais em vossos braços, senão para o vosso coração? O vosso coração, Jesus, é aquele doce maná da vossa divindade (cf. Hb 9,4), que guardais no vosso interior, no cofre áureo da vossa alma que supera toda a sabedoria. Felizes os que conduzis até lá com o vosso abraço. Felizes os que, imersos nestas profundezas, foram escondidos por vós dentro do vosso coração"[13].

106. São Boaventura une as duas linhas espirituais em torno do Coração de Cristo: ao mesmo tempo que o apresenta como fonte dos sacramentos e da graça, propõe que esta contemplação se torne uma relação de amigos, um encontro pessoal de amor.

107. Por um lado, ajuda-nos a reconhecer a beleza da graça e dos sacramentos que brotam daquela fonte de vida que é o lado ferido do Senhor: "Para que do lado de Cristo morto na cruz se formasse a Igreja e se cumprisse a palavra da Escritura que diz: 'Hão de olhar para aquele que trespassaram', a divina providência permitiu que um dos soldados lhe abrisse com a lança o lado sacrossanto e dele fizesse brotar sangue e água. Este é o preço da nossa salvação, saído daquela divina fonte, isto é, do íntimo do seu Coração, para dar aos sacramentos da Igreja o poder de conferir a vida da graça e se tornar para aqueles que vivem em Cristo uma fonte de água viva que jorra para a vida eterna"[14].

---
11. Cf. *Expositio altera super Cantica Canticorum*, c. 1: *PL* 180, 487.
12. Guilherme de Saint-Thierry, *De natura et dignitate amoris*, 1: *PL* 184, 379.
13. Idem, *Meditativae Orationes*, meditatio VIII: *PL* 180, 230.
14. São Boaventura, *Lignum vitae*, 30. Tradução em português: *Liturgia das Horas* (*Ofício de Leituras da Solenidade do Sagrado Coração de Jesus — Segunda Leitura*).

108. Depois convida-nos a dar mais um passo, para que o acesso à graça não se torne algo de mágico ou uma espécie de emanação neoplatônica, mas uma relação direta com Cristo, habitando no seu Coração, pois quem bebe é amigo de Cristo, é um coração amoroso: "Levanta-te, pois, tu que amas a Cristo, sê como a pomba que faz o seu ninho na borda do rochedo, e aí, como o pássaro que encontrou sua morada, não cesses de estar vigilante; aí esconde, como a andorinha, os filhos nascidos do casto amor"[15].

A difusão da devoção ao Coração de Cristo

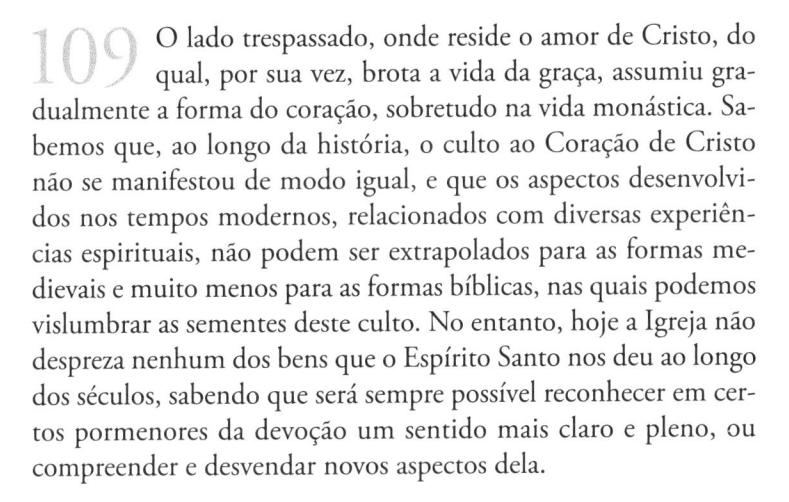

109. O lado trespassado, onde reside o amor de Cristo, do qual, por sua vez, brota a vida da graça, assumiu gradualmente a forma do coração, sobretudo na vida monástica. Sabemos que, ao longo da história, o culto ao Coração de Cristo não se manifestou de modo igual, e que os aspectos desenvolvidos nos tempos modernos, relacionados com diversas experiências espirituais, não podem ser extrapolados para as formas medievais e muito menos para as formas bíblicas, nas quais podemos vislumbrar as sementes deste culto. No entanto, hoje a Igreja não despreza nenhum dos bens que o Espírito Santo nos deu ao longo dos séculos, sabendo que será sempre possível reconhecer em certos pormenores da devoção um sentido mais claro e pleno, ou compreender e desvendar novos aspectos dela.

110. Várias mulheres santas relataram experiências de encontro com Cristo, caracterizado pelo repouso no Coração do Senhor, fonte de vida e de paz interior. É o caso de Santa Lutgarda, Santa Matilde de Hackeborn, Santa Ângela de Foligno, Juliana de Norwich, entre outras. Santa Gertrudes de Helfta, monja cisterciense, contou um momento de oração durante o qual reclinou a cabeça sobre o Coração de Cristo e escutou os seus batimentos. Num diálogo com São João Evangelista, ela pergunta-lhe por

---

15. Ibidem.

que razão, no seu Evangelho, não fala do que viveu quando teve a mesma experiência. Gertrudes conclui que "a doçura destes batimentos foi reservada aos tempos modernos, para que, ao escutá-los, o mundo envelhecido e morto possa renovar-se no amor de Deus"[16]. Poderíamos pensar que se trata de um anúncio referente ao nosso tempo, um apelo a reconhecer como este mundo se tornou "velho", necessitado de receber a mensagem sempre nova do amor de Cristo? Santa Gertrudes e Santa Matilde foram consideradas entre "as mais íntimas confidentes do Sagrado Coração"[17].

111. Os monges cartuxos, encorajados sobretudo por Ludolfo da Saxônia, encontraram na devoção ao Sagrado Coração um meio de encher de afeto e proximidade a sua relação com Jesus Cristo. Quem entra pela ferida do seu Coração é abrasado em chamas de afeto. Santa Catarina de Sena escreveu que os sofrimentos que o Senhor suportou não são algo que possamos presenciar, mas que o Coração aberto de Cristo é para nós a possibilidade de um encontro real e pessoal com tanto amor: "Eis quanto eu manifestei na chaga do meu peito, no momento em que compreendeste o segredo do meu coração. Fiz ver que meu amor por vós é mais profundo de quanto possa indicar a dor passageira"[18].

112. A devoção ao Coração de Cristo transcendeu gradualmente a vida monástica e encheu a espiritualidade de santos mestres, pregadores e fundadores de congregações religiosas que a difundiram nas regiões mais remotas da terra[19].

113. Particularmente interessante foi a iniciativa de São João Eudes, que "depois de ter pregado com os seus missionários uma fervorosíssima missão em Rennes, conseguiu que o

---

16. Santa Gertrudes de Helfta, *Legatus divinae pietatis*, IV, 4, 4: SCh, 255, 66.
17. Léon Dehon, *Directoire spirituel des prêtres du Sacré Coeur de Jésus* (Thournout, 1936), II, cap. VII, n. 141.
18. *O Diálogo*, 18.4.2 — Compreensão da caridade de Cristo (São Paulo, 2021), 162-163.
19. Cf. por exemplo: Angelus Walz, *De veneratione divini cordis Iesu in Ordine Praedicatorum*, Pontificium Institutum Angelicum (Roma, 1937).

bispo aprovasse nessa diocese a celebração da festa do Coração Adorável de Nosso Senhor Jesus Cristo. Foi a primeira vez que esta festa foi oficialmente autorizada na Igreja. Mais tarde, os bispos de Coutances, de Evreux, de Bayeux, de Lisieux e de Rouen autorizaram a mesma festa para as suas respectivas dioceses entre os anos de 1670 e 1671"[20].

São Francisco de Sales

114 Nos tempos modernos, destaca-se o contributo de São Francisco de Sales. Ele contemplou muitas vezes o Coração aberto de Cristo, que nos convida a habitar dentro dele em uma relação pessoal de amor, na qual se iluminam os mistérios da vida. Podemos ver no pensamento deste santo doutor como, face a uma moral rigorista ou a uma religiosidade de mero cumprimento de obrigações, o Coração de Cristo lhe aparece como um apelo à plena confiança na ação misteriosa da sua graça. É assim que ele se exprime na sua proposta à baronesa de Chantal: "É para mim bem claro que não permaneceremos mais em nós mesmos [...] habitaremos para sempre no lado trespassado do Salvador, pois sem ele não só não podemos, mas, mesmo que pudéssemos, não quereríamos fazer nada"[21].

115 Para ele, a devoção estava longe de se tornar uma forma de superstição ou uma objetivação indevida da graça, porque significava um convite a uma relação pessoal em que cada um se sente único perante Cristo, reconhecido na sua realidade irrepetível, pensado por Cristo e valorizado de forma direta e exclusiva: "Este coração tão adorável e tão amável do nosso Mestre, todo ardente de amor por nós, um coração no qual veremos escritos todos os nossos nomes [...]. Certamente isto é um tema de grande consolação: Que sejamos tão amados por Nosso Senhor a

---

20. Rafael García Herreros, *San Juan Eudes* (Bogotá, 1943), 42.
21. *Carta a Santa Joana Francisca de Chantal* (24 de abril de 1610) in: *Oeuvres de Saint François de Sales*, t. XIV, Lettres, vol. 4 (Annecy, 1906), 289.

ponto de nos levar sempre no seu Coração"²². Este nome próprio escrito no Coração de Cristo foi o modo como São Francisco de Sales procurou simbolizar até onde o amor de Cristo por cada um não é abstrato ou genérico, mas implica uma personalização em que o fiel se sente valorizado e reconhecido em si mesmo: "Quão belo é este Céu, agora que o Salvador é como um sol e o seu peito como uma fonte de amor da qual os bem-aventurados bebem à vontade! Cada um vai lá dentro olhar e vê o seu nome escrito em caracteres de amor, que só o amor sabe ler e que só o amor ali gravou. Ah, Deus! Minha querida filha, não estarão lá os nossos? Estarão, sem dúvida; pois, embora o nosso coração não tenha amor, tem o desejo do amor e o princípio do amor"²³.

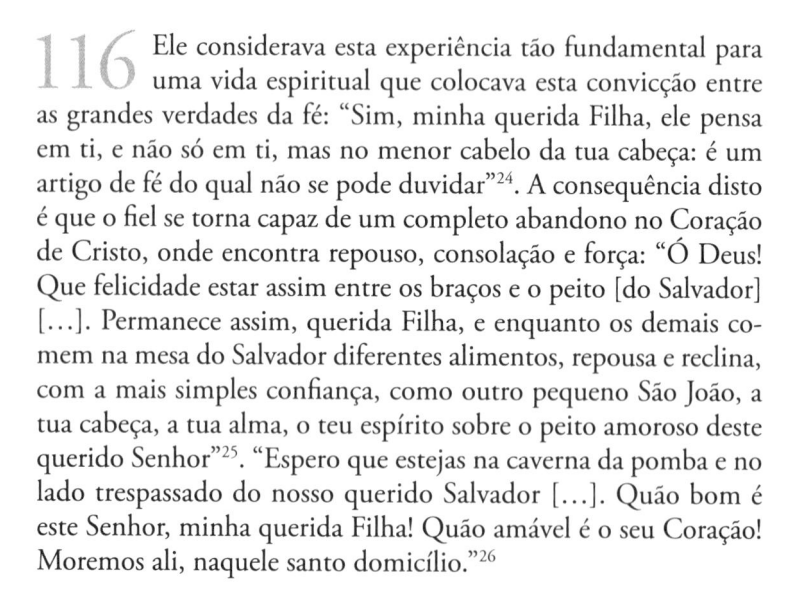

116 Ele considerava esta experiência tão fundamental para uma vida espiritual que colocava esta convicção entre as grandes verdades da fé: "Sim, minha querida Filha, ele pensa em ti, e não só em ti, mas no menor cabelo da tua cabeça: é um artigo de fé do qual não se pode duvidar"²⁴. A consequência disto é que o fiel se torna capaz de um completo abandono no Coração de Cristo, onde encontra repouso, consolação e força: "Ó Deus! Que felicidade estar assim entre os braços e o peito [do Salvador] [...]. Permanece assim, querida Filha, e enquanto os demais comem na mesa do Salvador diferentes alimentos, repousa e reclina, com a mais simples confiança, como outro pequeno São João, a tua cabeça, a tua alma, o teu espírito sobre o peito amoroso deste querido Senhor"²⁵. "Espero que estejas na caverna da pomba e no lado trespassado do nosso querido Salvador [...]. Quão bom é este Senhor, minha querida Filha! Quão amável é o seu Coração! Moremos ali, naquele santo domicílio."²⁶

---

22. *Sermão para o II Domingo de Quaresma* (20 de fevereiro de 1622) in: *o. c.*, t. X, Sermons, vol. 4 (Annecy, 1898), 243-244.
23. *Carta a Santa Joana Francisca de Chantal* (31 de maio de 1612) in: *o. c.*, t. XV, Lettres, vol. 5 (Annecy, 1908), 221.
24. *Carta a Marie-Aimée de Blonay* (18 de fevereiro de 1618) in: *o. c.*, t. XVIII, Lettres, vol. 8 (Annecy, 1912), 170-171.
25. *Carta a Santa Joana Francisca de Chantal* (fins de novembro de 1609) in: *o. c.*, t. XIV, Lettres, vol. 4 (Annecy, 1906), 214.
26. *Carta a Santa Joana Francisca de Chantal* (aprox. 25 de fevereiro de 1610), ibid., 253.

117 Mas, fiel ao seu ensinamento sobre a santificação na vida ordinária, propõe que esta seja vivida no meio das atividades, das tarefas e dos deveres do cotidiano: "Perguntais-me como as almas que são levadas na oração a esta santa simplicidade e a este perfeito abandono em Deus devem comportar-se em todos os seus atos? Respondo que, não só na oração, mas na conduta de toda a sua vida, devem caminhar invariavelmente em espírito de simplicidade, abandonando e entregando toda a sua alma, as suas ações e os seus sucessos à vontade de Deus, com um amor de perfeita e absoluta confiança, abandonando-se à graça e aos cuidados do amor eterno que a Divina Providência sente por elas"[27].

118 Por todas estas razões, no momento de pensar num símbolo que sintetizasse a sua proposta de vida espiritual, conclui: "Pensei então, querida Madre, se estiverdes de acordo, que devemos tomar como escudo um único coração trespassado por duas flechas, encerrado em uma coroa de espinhos"[28].

Uma nova declaração de amor

119 Foi sob a influência salutar da espiritualidade de São Francisco de Sales que tiveram lugar os acontecimentos de Paray-le-Monial, no final do século XVII. Santa Margarida Maria Alacoque relatou importantes aparições entre o fim de dezembro de 1673 e junho de 1675. É fundamental a declaração de amor que se destaca na primeira grande aparição. Jesus diz: "O meu divino Coração está tão abrasado de amor para com os homens, e em particular para contigo, que, não podendo já conter em si as chamas da sua ardente caridade, precisa derramá-las por teu meio, e manifestar-se-lhes para os enriquecer de seus preciosos tesouros, que eu te mostro a ti"[29].

---

27. *Les vrais entretiens spirituels*, 12ᵉ *Entretien*. In: *o. c.*, t. VI (Annecy, 1895), 217.
28. *Carta a Santa Joana Francisca de Chantal* (10 de junho de 1611) in: *o. c.*, t. XV, Lettres, vol. 5 (Annecy, 1908), 63.
29. Santa Margarida Maria de Alacoque, *Autobiografia*, n. 53 (Braga, 1984), 57-58.

120 Santa Margarida Maria resume tudo isto de uma forma poderosa e fervorosa: "Ali me descobriu as maravilhas do seu amor e os segredos insondáveis do seu Sagrado Coração, que sempre me tinha conservado escondidos até àquele momento em que os abriu pela primeira vez, mas de modo tão real e sensível que me não deixou lugar a nenhuma dúvida"[30]. Nas declarações seguintes, reafirma-se a beleza desta mensagem: "Ele me mostrou as maravilhas inexplicáveis do seu puro amor, e o excesso a que ele tinha chegado em amar os homens"[31].

121 Este reconhecimento intenso do amor de Jesus Cristo que Santa Margarida Maria transmitiu oferece-nos valiosos estímulos para a nossa união com ele. O que não significa que nos sintamos obrigados a aceitar ou assumir todos os pormenores desta proposta espiritual, onde, como muitas vezes acontece, se misturam com a ação divina elementos humanos relacionados com os nossos próprios desejos, inquietações e imagens interiores[32]. Tal proposta deve ser sempre relida à luz do Evangelho e de toda a rica tradição espiritual da Igreja, reconhecendo ao mesmo tempo o bem que fez em tantos irmãos e irmãs. Isto permite-nos reconhecer os dons do Espírito Santo no seio dessa experiência de fé e de amor. Mais importante do que os pormenores é o núcleo da mensagem que nos é transmitida e pode ser resumido nas palavras que Santa Margarida ouviu: "Eis aqui este Coração que tanto tem amado os homens, que a nada se tem poupado até se esgotar e consumir para lhes testemunhar o seu amor"[33].

122 Esta manifestação é um convite a um crescimento no encontro com Cristo, graças a uma confiança sem reservas, até chegarmos a uma união plena e definitiva: "É preciso que o Divino Coração de Jesus substitua de tal forma o nosso, de

---

30. Ibid., 57.
31. Ibid., n. 55, *o. c.*, 60.
32. Cf. Dicastério para a Doutrina da Fé, *Normas para proceder no discernimento de presumidos fenómenos sobrenaturais* (17 de maio de 2024), Apresentação — Razão da nova redação das Normas; I, A, 12.
33. Santa Margarida Maria de Alacoque, *Autobiografia*, n. 92, *o. c.*, 93.

modo que só ele viva e atue em nós e por nós; que a sua vontade […] possa atuar absolutamente sem resistência da nossa parte; e, finalmente, que os seus afetos, pensamentos e desejos estejam no lugar dos nossos, e sobretudo o seu amor, que se amará a si mesmo em nós e por nós. E assim, sendo este amável Coração tudo em todas as coisas, poderemos dizer com São Paulo que já não somos nós que vivemos, mas é ele que vive em nós"[34].

123 Efetivamente, na primeira mensagem recebida, ela apresenta esta experiência de uma forma mais pessoal, mais concreta, cheia de fogo e de ternura: "Pediu-me o meu coração; eu roguei-lhe que o tomasse, o que ele fez, e meteu-o no seu adorável Coração, no qual me mostrou como um atomozinho que se consumia naquela fornalha ardente"[35].

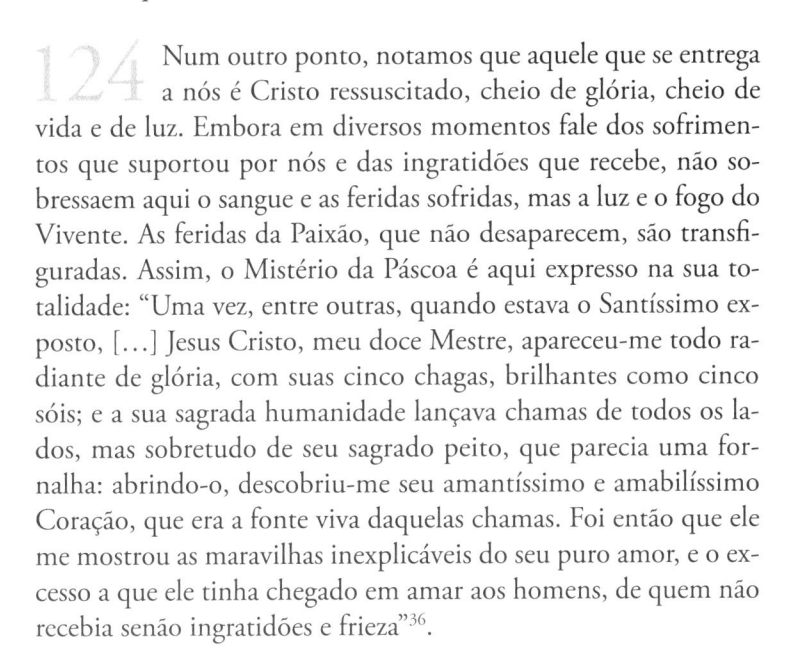

124 Num outro ponto, notamos que aquele que se entrega a nós é Cristo ressuscitado, cheio de glória, cheio de vida e de luz. Embora em diversos momentos fale dos sofrimentos que suportou por nós e das ingratidões que recebe, não sobressaem aqui o sangue e as feridas sofridas, mas a luz e o fogo do Vivente. As feridas da Paixão, que não desaparecem, são transfiguradas. Assim, o Mistério da Páscoa é aqui expresso na sua totalidade: "Uma vez, entre outras, quando estava o Santíssimo exposto, […] Jesus Cristo, meu doce Mestre, apareceu-me todo radiante de glória, com suas cinco chagas, brilhantes como cinco sóis; e a sua sagrada humanidade lançava chamas de todos os lados, mas sobretudo de seu sagrado peito, que parecia uma fornalha: abrindo-o, descobriu-me seu amantíssimo e amabilíssimo Coração, que era a fonte viva daquelas chamas. Foi então que ele me mostrou as maravilhas inexplicáveis do seu puro amor, e o excesso a que ele tinha chegado em amar aos homens, de quem não recebia senão ingratidões e frieza"[36].

---

34. Idem, *Carta à Ir. de la Barge* (22 de outubro de 1689): *Vie et Oeuvres de la Bienheureuse Marguerite-Marie Alacoque*, t. 2 (Paris, 1915), 468.
35. Idem, *Autobiografia*, n. 53, *o. c.*, 58.
36. Ibid., n. 55, *o. c.*, 60.

São Cláudio de La Colombière

125. Quando São Cláudio de La Colombière soube das experiências de Santa Margarida, tornou-se imediatamente seu defensor e divulgador. Ele teve um papel especial na compreensão e difusão desta devoção ao Sagrado Coração, mas também na sua interpretação à luz do Evangelho.

126. Enquanto algumas expressões de Santa Margarida, se mal entendidas, poderiam levar a confiar demasiado nos próprios sacrifícios e ofertas, São Cláudio evidencia que a contemplação do Coração de Cristo, se for autêntica, não provoca complacência em si mesmo nem vanglória nas experiências ou esforços humanos, mas um abandono indescritível em Cristo que enche a vida de paz, segurança e decisão. Ele exprimiu muito bem esta confiança absoluta em uma célebre oração:

> Meu Deus, estou tão convencido que velais sobre aqueles que em Vós confiam, e que nada pode faltar a quem de Vós tudo espera, que resolvi viver o futuro sem preocupação alguma, e descarregar sobre Vós todas as minhas preocupações [...]. O que nunca perderei é a esperança; conservá-la-ei até ao último instante da minha vida, embora todas as potências infernais se esforcem em vão por me roubar [...]. Esperem outros a felicidade das suas riquezas e talentos; confiem na inocência da sua vida, no rigor da sua penitência, no número das suas boas obras ou no fervor das suas orações [...]. Quanto a mim, toda a minha confiança está fundada nesta minha mesma confiança. Ela nunca enganou ninguém. [...] E assim, estou seguro de que serei eternamente bem-aventurado, porque espero firmemente sê-lo, e é de Vós, ó meu Deus, que o espero[37].

127. São Cláudio escreveu uma nota em janeiro de 1677, encabeçada por algumas linhas que se referem à segu-

---

37. São Cláudio de La Colombière, *Ato de confiança*. In: *Escritos Espirituales del beato Claudio de la Colombière, S.J.* (Bilbao, 1979), 110.

rança que sentia em relação à sua própria missão: "Reconheci que Deus quer servir-se de mim, procurando o cumprimento dos seus desejos relativamente à devoção que me sugeriu uma pessoa, com quem ele se comunica confidencialmente, e em favor da qual ele quis servir-se da minha fraqueza. Já a inspirei a muitas pessoas"[38].

128 É importante notar como, na espiritualidade de La Colombière, há uma bela síntese entre a rica e bela experiência espiritual de Santa Margarida e a contemplação muito concreta dos Exercícios inacianos. Ele escreve no início da terceira semana do mês dos Exercícios: "Duas coisas me comoveram sumamente e me mantiveram ocupado todo o tempo. A primeira é a disposição com que Jesus Cristo sai ao encontro daqueles que o procuram […]. Seu Coração está mergulhado num mar de amargura; todas as paixões estão soltas dentro dele, toda a natureza está desconcertada, e através de todas essas desordens e de todas essas tentações, o seu Coração se volta diretamente para Deus; ele não dá um passo em falso e não hesita em tomar o lado que lhe é sugerido pela virtude e pela mais alta virtude. […] A segunda coisa é a disposição deste mesmo Coração a respeito de Judas que o traiu, dos apóstolos que o abandonaram de modo covarde, dos sacerdotes e dos outros autores da perseguição a que foi sujeito. E tudo isto não foi capaz de despertar nele o mínimo sentimento de ódio ou de indignação. […] Assim, represento para mim mesmo aquele Coração sem amargura, sem azedume, cheio de verdadeira ternura para com os seus inimigos"[39].

São Charles de Foucauld
e Santa Teresa do Menino Jesus

129 São Charles de Foucauld e Santa Teresa do Menino Jesus, sem o pretenderem, reformularam certos elementos da devoção ao Coração de Cristo, ajudando-nos a compreen-

---
38. Idem, *Retiro em Londres* (1 a 8 de fevereiro de 1677).
39. Idem, *Exercícios espirituais em Lião* (outubro-novembro de 1674).

dê-la de uma forma ainda mais fiel ao Evangelho. Vejamos agora como se exprime esta devoção nas suas vidas. No próximo capítulo voltaremos a eles para mostrar a originalidade da dimensão missionária que ambos desenvolveram de modos diferentes.

Iesus Caritas

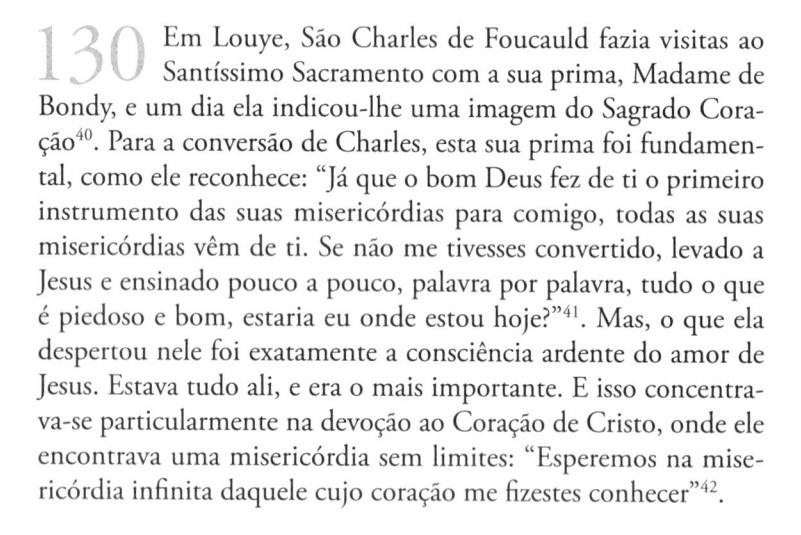

130 Em Louye, São Charles de Foucauld fazia visitas ao Santíssimo Sacramento com a sua prima, Madame de Bondy, e um dia ela indicou-lhe uma imagem do Sagrado Coração[40]. Para a conversão de Charles, esta sua prima foi fundamental, como ele reconhece: "Já que o bom Deus fez de ti o primeiro instrumento das suas misericórdias para comigo, todas as suas misericórdias vêm de ti. Se não me tivesses convertido, levado a Jesus e ensinado pouco a pouco, palavra por palavra, tudo o que é piedoso e bom, estaria eu onde estou hoje?"[41]. Mas, o que ela despertou nele foi exatamente a consciência ardente do amor de Jesus. Estava tudo ali, e era o mais importante. E isso concentrava-se particularmente na devoção ao Coração de Cristo, onde ele encontrava uma misericórdia sem limites: "Esperemos na misericórdia infinita daquele cujo coração me fizestes conhecer"[42].

131 Depois, o seu diretor espiritual, Padre Henri Huvelin, ajudá-lo-á a aprofundar este precioso mistério: "Este Coração abençoado do qual me falaste tantas vezes"[43]. No dia 6 de junho de 1889, Charles consagra-se ao Sagrado Coração, no qual encontrava um amor absoluto. Diz a Cristo: "Cumulastes-me de tantos benefícios que me parece ser uma ingratidão para com o vosso coração não crer que ele esteja pronto a cumular-me de todo o bem, por maior que seja, e que o seu amor e a

---

40. Cf. *Carta à Madame de Bondy* (27 de abril de 1897).
41. *Carta à Madame de Bondy* (15 de abril de 1901). Cf. *Carta à Madame de Bondy* (5 de abril de 1909): "Por ti eu conheci as exposições do Santíssimo Sacramento, as bênçãos e o Sagrado Coração".
42. *Carta à Madame de Bondy* (7 de abril de 1890).
43. *Carta ao Pe. Huvelin* (27 de junho de 1892).

sua generosidade não têm medida"⁴⁴. Será eremita "sob o nome do Sagrado Coração"⁴⁵.

132 No dia 17 de maio de 1906, no qual já não pôde mais celebrar a missa por se encontrar sozinho, Frei Charles escreveu esta promessa: "Deixar viver em mim o Coração de Jesus, de modo que já não seja eu a viver, mas o Coração de Jesus que viva em mim, como vivia em Nazaré"⁴⁶. A sua amizade com Jesus, de coração a coração, não tinha nada de devocionismo íntimo. Era a raiz dessa vida despojada de Nazaré, pela qual Charles queria imitar Cristo e configurar-se com ele. Esta terna devoção ao Coração de Cristo teve consequências muito concretas no seu estilo de vida e a sua Nazaré foi alimentada por esta relação muito pessoal com o Coração de Cristo.

Santa Teresa do Menino Jesus

133 Tal como São Charles de Foucauld, Santa Teresa do Menino Jesus respirou a enorme devoção que inundava a França no século XIX. Padre Almire Pichon foi o diretor espiritual da sua família e foi considerado um grande apóstolo do Sagrado Coração. Uma irmã sua tomou o nome religioso de "Maria do Sagrado Coração", e o mosteiro em que Santa Teresa entrou era dedicado ao Sagrado Coração. No entanto, a sua devoção assumiu algumas características próprias, que iam além das formas pelas quais se expressava naquela época.

134 Quando tinha quinze anos, encontrou uma maneira de resumir a sua relação com Jesus: "Aquele cujo coração batia em uníssono com o meu"⁴⁷. Dois anos mais tarde,

---

44. *Méditations sur Ancien Testament*, Roma, 1896.
45. *Carta ao Pe. Huvelin* (16 de maio de 1900).
46. *Diário* (17 de maio de 1906).
47. *Carta 67, À Sra. Guérin* (18 de novembro de 1888): Santa Teresa do Menino Jesus, *Obras completas* (Avessadas, 1996), 373.

quando lhe falavam de um Coração coroado de espinhos, acrescentou em uma carta: "Sabes, eu não vejo o Sagrado Coração como toda a gente, penso que o coração do meu Esposo é só meu como o meu é só dele e então falo-lhe na solidão desta deliciosa intimidade esperando contemplá-lo um dia face a face"[48].

135. Num poema, ela exprimiu o sentido da sua devoção, feita mais de amizade e confiança do que de segurança nos seus próprios sacrifícios:

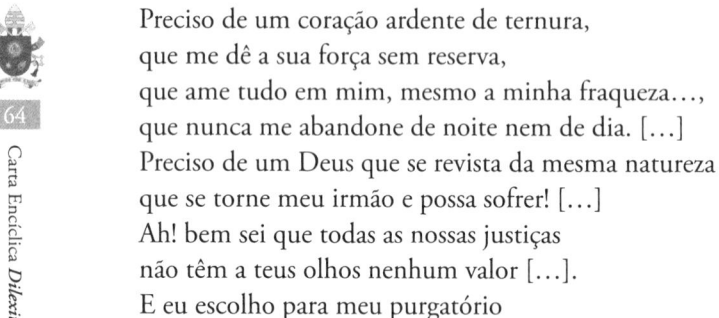

> Preciso de um coração ardente de ternura,
> que me dê a sua força sem reserva,
> que ame tudo em mim, mesmo a minha fraqueza...,
> que nunca me abandone de noite nem de dia. [...]
> Preciso de um Deus que se revista da mesma natureza
> que se torne meu irmão e possa sofrer! [...]
> Ah! bem sei que todas as nossas justiças
> não têm a teus olhos nenhum valor [...].
> E eu escolho para meu purgatório
> o teu Amor ardente, ó Coração do meu Deus[49].

136. Talvez o texto mais relevante para compreender o significado da sua devoção ao Coração de Cristo seja a carta que escreveu, três meses antes de falecer, ao seu amigo Maurice Bellière: "Quando vejo Madalena avançar na presença dos numerosos convidados, banhar com as suas lágrimas os pés do Mestre adorado que toca pela primeira vez, sinto que o *coração dela* compreendeu os abismos de amor e de misericórdia *do Coração de Jesus*, e que, por muito pecadora que ela seja, este Coração de amor está não só disposto a perdoar-lhe, mas ainda a prodigalizar-lhe os benefícios da sua intimidade divina, a elevá-la até aos mais altos cumes da contemplação. Ah! meu querido Irmãozinho, desde que me foi dado compreender também o amor do

---

48. *Carta 122, A Celina* (14 de outubro de 1890): *o. c.*, 445.
49. *Poesia 23, Ao Sagrado Coração de Jesus* (21 de junho ou de outubro de 1895): *o. c.*, 735-736.

Coração de Jesus, confesso que ele afastou do meu coração todo o temor. A lembrança das minhas faltas humilha-me, leva-me a nunca me apoiar na minha força que é só fraqueza, mas esta lembrança fala-me ainda mais de misericórdia e de amor"[50].

137 As mentes moralizantes, que pretendem controlar a misericórdia e a graça, diriam que Teresa podia afirmar isto porque era uma santa, mas que um pecador não poderia dizer o mesmo. Ao fazê-lo, retiram à espiritualidade de Teresa a sua bela novidade que reflete o coração do Evangelho. Infelizmente, tornou-se comum em alguns círculos cristãos tentar aprisionar o Espírito Santo num esquema que lhes permita ter tudo sob a sua supervisão. Entretanto, esta sábia Doutora da Igreja desmente-os e contradiz diretamente esta interpretação redutiva com palavras muito claras: "Ainda que eu tivesse cometido todos os crimes possíveis, mesmo assim teria sempre a mesma confiança: sinto que toda essa multidão de ofensas seria como uma gota de água lançada num braseiro ardente"[51].

138 À Irmã Maria, que a elogiava pelo seu amor generoso a Deus, disposto até ao martírio, responde longamente em uma carta que é hoje um dos grandes marcos da história da espiritualidade. Esta página deveria ser lida milhares de vezes pela sua profundidade, clareza e beleza. Nela, Teresa ajuda a Irmã "do Sagrado Coração" a não concentrar esta devoção no âmbito da dor, já que alguns entendiam a reparação como uma espécie de primado dos sacrifícios ou de cumprimento moralista. Pelo contrário, ela resume tudo na confiança como a melhor oferta, agradável ao Coração de Cristo: "Os meus desejos de martírio *não são nada*, não são eles que me dão a confiança ilimitada que sinto no coração. Para dizer a verdade, são as riquezas espirituais que *tornam alguém injusto*, quando descansamos nelas com complacência, e cremos que são *algo de grande*. [...] O que lhe agrada é *ver-me amar a*

---

50. *Carta 247, Ao Pe. Bellière* (21 de junho de 1897): *o. c.*, 625.
51. *Últimos conselhos e recordações. Caderno Amarelo* (11 de julho de 1897): *o. c.*, 1156.

minha pequenez e a minha pobreza, *é a esperança cega que tenho na sua misericórdia…* Eis o meu único tesouro […]. Se desejais sentir alegria, sentir atração pelo sofrimento, é a vossa consolação que procurais […]. Compreendei que para amar Jesus, para ser a sua *vítima de amor*, quanto mais fraco se é, sem desejos, nem virtudes, tanto mais puro se está para as operações deste Amor consumador e transformante […]. Oh, como eu queria fazer-vos compreender o que sinto! Só a confiança e nada mais do que a confiança tem de conduzir-nos ao Amor"[52].

139. Em muitos dos seus textos, percebe-se a sua luta contra formas de espiritualidade demasiadamente centradas no esforço humano, no mérito próprio, na oferta de sacrifícios, em certas tarefas para "ganhar o céu". Para Teresa, "o mérito não consiste em fazer nem em dar muito, mas antes em receber"[53]. Leiamos mais uma vez alguns destes textos muito significativos onde ela insiste num outro caminho, que é um caminho simples e rápido para ganhar o Senhor através do coração.

140. Assim escreve à sua irmã Leônia: "Garanto-te que Deus é muito melhor do que tu imaginas. Contenta-se com um olhar, com um suspiro de amor… Quanto a mim acho a perfeição muito fácil de praticar, porque compreendi que nada há a fazer senão *ganhar Jesus pelo coração*… Vê uma criancinha que acaba de arreliar a mãe […]. Se lhe estende os bracinhos sorrindo e dizendo: 'Dá-me um beijo, não *torno mais a fazer isso*', poderá a mãe deixar de a apertar contra o coração com meiguice e esquecer as suas travessuras?… No entanto, sabe muito bem que o seu querido filho cairá de novo na próxima ocasião, mas não tem importância: se ele tornar a ganhá-la *pelo coração*, nunca será castigado"[54].

---

52. *Carta 197, À Irmã Maria do Sagrado Coração* (17 de setembro de 1896): *o. c.*, 567-569. Isto não significa que Teresa não oferecesse sacrifícios, dores e angústias como um modo de associar-se ao sofrimento de Cristo, mas que, quando queria ir ao fundo, preocupava-se em não dar a estes oferecimentos uma importância que não possuem.
53. *Carta 142, A Celina* (6 de julho de 1893): *o. c.*, 476.
54. *Carta 191, A Leônia* (12 de julho de 1896): *o. c.*, 557.

141. Em uma carta ao padre Adolphe Roulland diz: "O meu caminho é todo de confiança e de amor, não compreendo as almas que têm medo de um Amigo tão terno. Às vezes quando leio certos tratados espirituais em que a perfeição é apresentada através de inúmeras dificuldades, rodeada por uma quantidade de ilusões, a minha pobre inteligência cansa-se muito depressa, fecho o sábio livro que me quebra a cabeça e me seca o coração e pego na Sagrada Escritura. Então tudo me parece luminoso, uma só palavra revela à minha alma horizontes infinitos, a perfeição parece-me fácil, vejo que basta reconhecer o próprio nada e abandonar-se como uma criança nos braços de Deus"[55].

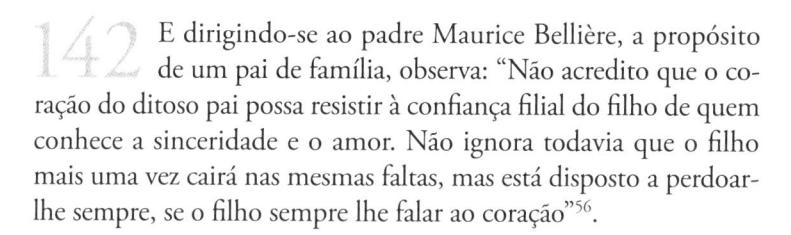

142. E dirigindo-se ao padre Maurice Bellière, a propósito de um pai de família, observa: "Não acredito que o coração do ditoso pai possa resistir à confiança filial do filho de quem conhece a sinceridade e o amor. Não ignora todavia que o filho mais uma vez cairá nas mesmas faltas, mas está disposto a perdoar-lhe sempre, se o filho sempre lhe falar ao coração"[56].

Ressonâncias na Companhia de Jesus

143. Vimos como São Cláudio de La Colombière relacionava a experiência espiritual de Santa Margarida com a proposta dos Exercícios Espirituais. Penso que o lugar do Sagrado Coração na história da Companhia de Jesus mereça algumas breves palavras.

144. A espiritualidade da Companhia de Jesus sempre propôs um "conhecimento interno do Senhor [...] para que mais o ame e o siga"[57]. Nos seus Exercícios Espirituais, Santo Inácio convida a colocarmo-nos diante do Evangelho que nos diz sobre Jesus: "Aberto o lado com a lança, dele brotou água e san-

---

55. *Carta 226, Ao Pe. Roulland* (9 de maio de 1897): *o. c.*, 608.
56. *Carta 258, Ao Pe. Bellière* (18 de julho de 1897): *o. c.*, 639.
57. Santo Inácio de Loyola, *Exercícios Espirituais*, n. 104.

gue"⁵⁸. Quando o exercitante se encontra diante do lado ferido de Cristo, Inácio propõe-lhe entrar no Coração de Cristo. Trata-se de um caminho para amadurecer o próprio coração pela mão de um "mestre dos afetos", segundo a expressão usada por São Pedro Fabro em uma das suas cartas a Santo Inácio⁵⁹. O jesuíta Juan Alfonso de Polanco também menciona esta expressão na sua biografia de Santo Inácio: "[o Cardeal Contarini] reconhecia ter encontrado no Padre Inácio um mestre dos afetos"⁶⁰. Os colóquios que Santo Inácio propõe são uma parte essencial desta educação do coração, porque sentimos e saboreamos com o coração a mensagem do Evangelho e conversamos sobre ela com o Senhor. Santo Inácio diz que podemos comunicar as nossas coisas ao Senhor e pedir-lhe conselho sobre elas. Qualquer exercitante pode reconhecer que nos Exercícios há um diálogo de coração para coração.

145 Santo Inácio termina as contemplações aos pés do Crucificado, convidando o exercitante a dirigir-se com grande afeto ao Senhor crucificado e perguntar-lhe "como um amigo fala com outro, ou um servo com o seu senhor"⁶¹ o que deveria fazer por ele. O itinerário dos Exercícios culmina na "Contemplação para alcançar amor", da qual brota a ação de graças e a oferta da "memória, do entendimento e da vontade" ao Coração que é fonte e origem de todo o bem⁶². Tal conhecimento interior do Senhor não se constrói com as nossas luzes e esforços, mas pede-se como um dom.

146 Esta mesma experiência está na origem de uma longa cadeia de padres jesuítas que se referiram explicitamente ao Coração de Jesus, como São Francisco de Borja, São Pedro Fabro, Santo Afonso Rodrigues, Padre Álvarez de Paz, Padre Vicente Carafa, Padre Kasper Drużbicki e tantos outros. Em 1883, os Jesuítas declararam que "a Companhia de Jesus aceita e recebe,

---

58. Ibid., n. 297.
59. Cf. *Carta a Inácio de Loyola* (23 de janeiro de 1541).
60. *De Vita P. Ignatii et Societatis Iesu initiis*, cap. 8 in: Juan Alfonso de Polanco, S.J., *Vita Ignatii Loiolae et rerum Societatis Iesu historia*, t. I (Madri, 1894), 64.
61. Santo Inácio de Loyola, *Exercícios Espirituais*, n. 54.
62. Cf. Ibid., n. 230ss.

com espírito pleno de alegria e gratidão, o suavíssimo encargo que lhe foi confiado por Nosso Senhor Jesus Cristo, de praticar, promover e propagar a devoção ao seu diviníssimo Coração"[63]. Em dezembro de 1871, o Padre Pieter Jan Beckx consagrou a Companhia ao Sagrado Coração de Jesus e o Padre Pedro Arrupe, como sinal de que ainda continuava a fazer parte da vida da Companhia, voltou a fazê-lo em 1972, com uma convicção que se expressa nestas palavras: "Quero dizer à Companhia algo que sinto não dever calar. Desde o meu noviciado, sempre estive convencido de que a chamada 'Devoção ao Sagrado Coração' contém uma expressão simbólica da realidade mais profunda do espírito inaciano e uma eficácia extraordinária — *ultra quam speraverint* — tanto para o aperfeiçoamento pessoal como para a fecundidade apostólica. Ainda conservo a mesma convicção. [...] Encontro nesta devoção uma das fontes mais íntimas da minha vida interior"[64].

147 Quando São João Paulo II convidou "todos os membros da Companhia a promover com ainda maior zelo esta devoção que corresponde mais do que nunca às expectativas do nosso tempo", fê-lo porque reconhecia os laços íntimos entre a devoção ao Coração de Cristo e a espiritualidade inaciana, pois "o desejo de 'conhecer intimamente o Senhor' e de 'ter um colóquio' com ele, coração a coração, é caraterístico, graças aos Exercícios Espirituais, do dinamismo espiritual e apostólico inaciano, inteiramente ao serviço do amor ao Coração de Deus"[65].

Uma longa corrente de vida interior

148 A devoção ao Coração de Cristo reaparece no caminho espiritual de vários santos muito diferentes entre

---

63. XXIII Congregação Geral da Companhia de Jesus, Decreto 46, 1. In: *Institutum Societatis Iesu*, vol. 2 (Florença, 1893), 511.
64. *En Él solo... la esperanza* (Roma, 1982), 180.
65. *Carta ao Prepósito-Geral da Companhia de Jesus*, Paray-le-Monial (5 de outubro de 1986): *L'Osservatore Romano* (ed. semanal em português de 12 de outubro de 1986), 9.

si e, em cada um deles, esta devoção assume novos aspectos. São Vicente de Paulo, para dar um exemplo, dizia que o que Deus quer é o coração: "Deus pede principalmente o coração, o coração, que é o principal. Por que razão quem não tem bens merece mais do que quem, tendo grandes posses, renuncia a elas? Porque quem não tem nada, vai a ele com mais afeto; e é isso que Deus quer de modo especial"[66]. Isto implica aceitar que o próprio coração se una ao de Cristo: "Uma Irmã que faz tudo o possível para predispor o seu coração a estar unido ao de Nosso Senhor [...] quantas bênçãos não receberá de Deus!"[67].

149. Por vezes, somos tentados a considerar este mistério de amor como um admirável feito do passado, como uma bela espiritualidade de outros tempos, mas devemos recordar sempre de novo, como dizia um santo missionário, que "este Coração divino, que suportou ser trespassado por uma lança inimiga para poder derramar por aquela ferida sagrada os Sacramentos, por meio dos quais se formou a Igreja, jamais deixou de amar"[68]. Santos mais recentes, como São Pio de Pietrelcina, Santa Teresa de Calcutá e tantos outros, falam com sincera devoção do Coração de Cristo. Mas gostaria de recordar também as experiências de Santa Faustina Kowalska, que repropõem a devoção ao Coração de Cristo colocando uma forte ênfase na vida gloriosa do Ressuscitado e na misericórdia divina. Com efeito, motivado pelas experiências desta santa e bebendo da herança espiritual do bispo São Józef Sebastian Pelczar (1842-1924)[69], São João Paulo II relacionou intimamente a sua reflexão sobre a misericórdia com a devoção ao Coração de Cristo: "A Igreja parece professar de modo particular a misericórdia de Deus e venerá-la, voltando-se para o Coração

---

66. *Conferências aos Missionários* (13 de agosto de 1655). *A pobreza*. In: São Vicente de Paulo, *Obras completas*, t. 11/3 (Salamanca, 1974), 156.
67. *Conferências às Filhas da Caridade* (9 de dezembro de 1657). In: *o. c.*, t. 9/2, 974.
68. São Daniel Comboni, *Scritti*, n. 3324. In: Daniele Comboni, *Gli scritti* (Bolonha, 1991), 998.
69. Cf. *Homilia na Missa de Canonização* (18 de maio de 2003): *L'Osservatore Romano* (ed. semanal em português de 24 de maio de 2003), 8-9.

de Cristo. Com efeito, a aproximação de Cristo, no mistério do seu Coração, permite deter-nos neste ponto da revelação do amor misericordioso do Pai, que constituiu, em certo sentido, o núcleo central [...] da missão messiânica do Filho do Homem"[70]. O próprio São João Paulo II, referindo-se ao Sagrado Coração, reconheceu de modo muito pessoal: "Ele falou-me desde a idade juvenil"[71].

150 A atualidade da devoção ao Coração de Cristo é particularmente evidente na ação evangelizadora e educativa de numerosas congregações religiosas femininas e masculinas, marcadas desde as suas origens por esta experiência espiritual cristológica. Mencioná-las todas seria uma tarefa interminável. Vejamos apenas dois exemplos escolhidos ao acaso: "O Fundador [São Daniel Comboni] encontrou no mistério do Coração de Jesus a força para o seu empenho missionário"[72]. "Impelidas pelo amor do Coração de Jesus, procuramos o crescimento das pessoas na sua dignidade humana e como filhos e filhas de Deus, com base no Evangelho e nas suas exigências de amor, perdão, justiça e solidariedade para com os pobres e marginalizados."[73] Do mesmo modo, os Santuários consagrados ao Coração de Cristo, espalhados por todo o mundo, são uma atraente fonte de espiritualidade e fervor. A todos aqueles que, de algum modo, colaboram nestes lugares de fé e de caridade, dirijo a minha bênção paterna.

A devoção da consolação

151 A chaga do lado, de onde brota a água viva, permanece aberta no Ressuscitado. Esta grande ferida causada pela

---

70. Carta enc. *Dives in Misericordia* (30 de novembro de 1980), 13: *AAS* 72 (1980), 1219.
71. *Catequese* (20 de junho de 1979): *L'Osservatore Romano* (ed. semanal em português de 24 de junho de 1979), 12.
72. Missionários Combonianos do Coração de Jesus, *Regra de Vida, Constituições e Diretório Geral* (Roma, 1988), 3.
73. Religiosas do Sagrado Coração de Jesus (Sociedade do Sagrado Coração), *Constituições de 1982*, 7.

lança, e as chagas da coroa de espinhos que aparecem com frequência nas representações do Sagrado Coração, são inseparáveis desta devoção. Nela contemplamos o amor de Jesus Cristo, que foi capaz de se entregar até ao fim. O coração do Ressuscitado conserva estes sinais da doação total que implicou um intenso sofrimento por nós. Portanto, de algum modo, é inevitável que o fiel queira responder não só a este grande amor, mas também à dor que Cristo aceitou suportar por causa de tanto amor.

Com ele na Cruz

152 Vale a pena recuperar esta expressão da experiência espiritual desenvolvida em torno do Coração de Cristo: o desejo interior de o consolar. Não tratarei agora da prática da "reparação", que considero melhor inserida no contexto da dimensão social desta devoção, e que desenvolverei no próximo capítulo. Agora gostaria apenas de me concentrar naquele desejo que muitas vezes brota no coração do fiel enamorado quando contempla o mistério da paixão de Cristo e o vive como um mistério que não só é recordado, mas que pela graça se torna presente, ou melhor, nos leva a estar misticamente presentes naquele momento redentor. Se o Amado é o mais importante, como não querer consolá-lo?

153 O Papa Pio XI procurou fundamentar esta afirmação convidando-nos a reconhecer que o mistério da redenção através da Paixão de Cristo, por graça de Deus, transcende todas as distâncias do tempo e do espaço. Deste modo, se ele se entregou na Cruz também pelos pecados futuros, os nossos pecados, transcendendo o tempo, chegaram ao seu Coração ferido, assim como os atos que oferecemos hoje pela sua consolação: "Se, portanto, à vista de nossos pecados futuros, porém previstos, a alma de Jesus esteve triste até à morte, não há dúvida que desde então lhe tenha dado algum conforto a previsão do nosso desagravo, quando 'lhe apareceu o Anjo do Céu' (Lc 22,43), a consolar-lhe o Coração oprimido de tristeza e de angústia. E assim também agora,

em modo admirável, porém verdadeiro, podemos e devemos consolar este Coração Sacratíssimo, continuamente ofendido pelos pecados dos homens ingratos"⁷⁴.

As razões do coração

154. Pode parecer que esta expressão de devoção não possua suficiente base teológica, mas o coração tem as suas razões. O *sensus fidelium* intui que há aqui algo de misterioso que ultrapassa a nossa lógica humana, e que a paixão de Cristo não é um mero evento do passado, pois dela podemos participar a partir da fé. A meditação da entrega de Cristo na cruz é, para a piedade dos fiéis, algo mais do que uma simples recordação. Esta convicção está solidamente fundamentada na teologia⁷⁵. A isto junta-se a consciência do próprio pecado, que ele carregou sobre os seus ombros feridos, e da própria inadequação perante tanto amor, que sempre nos ultrapassa infinitamente.

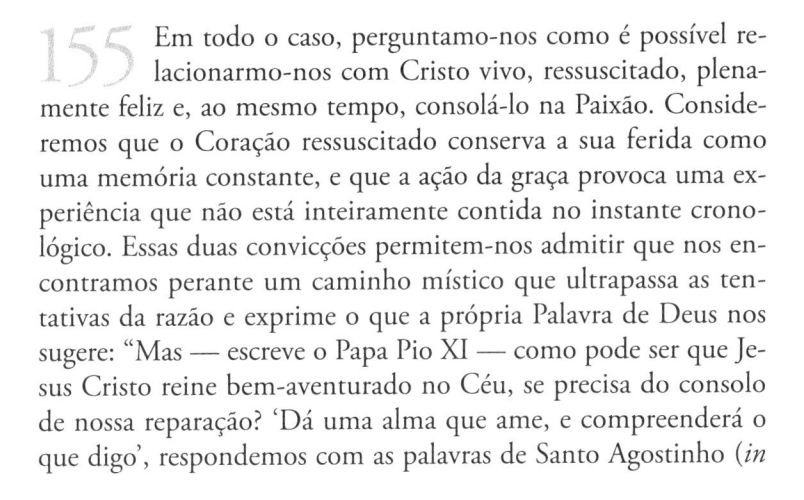

155. Em todo o caso, perguntamo-nos como é possível relacionarmo-nos com Cristo vivo, ressuscitado, plenamente feliz e, ao mesmo tempo, consolá-lo na Paixão. Consideremos que o Coração ressuscitado conserva a sua ferida como uma memória constante, e que a ação da graça provoca uma experiência que não está inteiramente contida no instante cronológico. Essas duas convicções permitem-nos admitir que nos encontramos perante um caminho místico que ultrapassa as tentativas da razão e exprime o que a própria Palavra de Deus nos sugere: "Mas — escreve o Papa Pio XI — como pode ser que Jesus Cristo reine bem-aventurado no Céu, se precisa do consolo de nossa reparação? 'Dá uma alma que ame, e compreenderá o que digo', respondemos com as palavras de Santo Agostinho (*in*

---

74. Carta enc. *Miserentissimus Redemptor* (8 de maio de 1928), 14: *AAS* 20 (1928), 174.
75. Quando é exercitada a virtude da fé referida a Cristo, a alma acede não só a recordações, mas à realidade da sua vida divina (cf. Santo Tomás de Aquino, *Summa Theologiae*, II-II, q. 1, a. 2, *ad* 2; q. 4, a. 1).

Ioannis Evangelium, tract. 26, 4), que são perfeitamente adequadas ao nosso propósito. Toda alma, com efeito, deveras abrasada pelo amor a Deus, se com consideração volta-se ao tempo passado, em suas meditações vê e contempla Jesus a padecer pelo homem, aflito, no meio das dores mais excruciantes 'por nós, homens, e pela nossa salvação', opresso pela tristeza, por angústias e opróbrios, antes 'esmagado pelos nossos delitos' (Is 53,5) e em ato de sanar-nos com suas chagas. Com tanta maior verdade as almas pias contemplam as dores do Salvador, enquanto os pecados e os delitos dos homens, perpetrados no decurso de todos os tempos, motivaram a condenação de Jesus"[76].

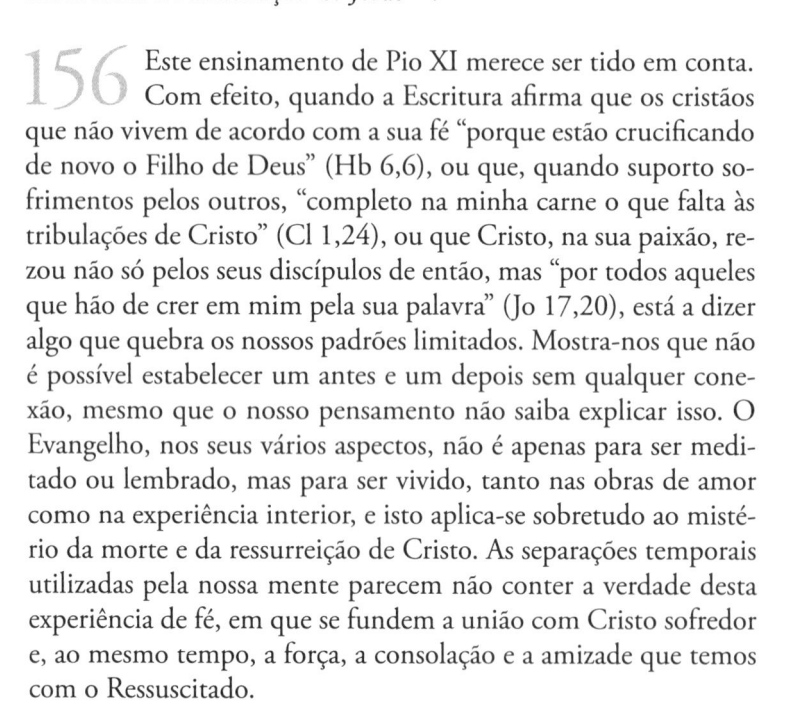

156. Este ensinamento de Pio XI merece ser tido em conta. Com efeito, quando a Escritura afirma que os cristãos que não vivem de acordo com a sua fé "porque estão crucificando de novo o Filho de Deus" (Hb 6,6), ou que, quando suporto sofrimentos pelos outros, "completo na minha carne o que falta às tribulações de Cristo" (Cl 1,24), ou que Cristo, na sua paixão, rezou não só pelos seus discípulos de então, mas "por todos aqueles que hão de crer em mim pela sua palavra" (Jo 17,20), está a dizer algo que quebra os nossos padrões limitados. Mostra-nos que não é possível estabelecer um antes e um depois sem qualquer conexão, mesmo que o nosso pensamento não saiba explicar isso. O Evangelho, nos seus vários aspectos, não é apenas para ser meditado ou lembrado, mas para ser vivido, tanto nas obras de amor como na experiência interior, e isto aplica-se sobretudo ao mistério da morte e da ressurreição de Cristo. As separações temporais utilizadas pela nossa mente parecem não conter a verdade desta experiência de fé, em que se fundem a união com Cristo sofredor e, ao mesmo tempo, a força, a consolação e a amizade que temos com o Ressuscitado.

157. Vemos, assim, a unidade do Mistério Pascal nos seus dois aspectos inseparáveis que mutuamente se ilumi-

---

76. Carta enc. *Miserentissimus Redemptor* (8 de maio de 1928), 14: *AAS* 20 (1928), 174.

nam. Este Mistério único, fazendo-se presente pela graça nas suas duas dimensões, significa que, quando procuramos oferecer algo a Cristo para a sua consolação, os nossos próprios sofrimentos são iluminados e transfigurados pela luz pascal do amor. Acontece que participamos desse mistério na nossa vida concreta porque anteriormente o próprio Cristo quis participar na nossa vida, quis viver antecipadamente como cabeça o que o seu corpo eclesial viveria, tanto nas feridas como nas consolações. Quando vivemos na graça de Deus, esta participação mútua torna-se uma experiência espiritual. Em última análise, é o Ressuscitado que, pela ação da sua graça, torna possível que estejamos misteriosamente unidos à sua paixão. Sabem-no os corações que creem, que experimentam a alegria da ressurreição, mas ao mesmo tempo desejam participar no destino do seu Senhor. Estão prontos para esta participação com os sofrimentos, os cansaços, as desilusões e os medos que fazem parte da sua vida. Não a vivem na solidão, pois estas feridas são igualmente uma participação no destino do corpo místico de Cristo, que caminha no povo santo de Deus e que leva o destino de Cristo a todos os tempos e lugares da história. A devoção da consolação não é a-histórica ou abstrata, mas torna-se carne e sangue no caminho da Igreja.

A compunção

158 O desejo inevitável de consolar Cristo, que surge da dor de contemplar o que ele sofreu por nós, alimenta-se também do reconhecimento sincero das nossas escravidões, dos nossos apegos, da nossa falta de alegria na fé, das nossas buscas vãs e, para além dos pecados concretos, da falta de correspondência do nosso coração ao seu amor e ao seu projeto. É uma experiência que nos purifica, porque o amor precisa da purificação das lágrimas que, no final, nos deixam mais sedentos de Deus e menos obcecados por nós próprios.

159 Assim, vemos que, quanto mais profundo se torna o desejo de consolar o Senhor, mais se aprofunda a com-

punção do coração fiel, que "não é um sentimento de culpa que te lança por terra, nem uma série de escrúpulos que paralisam, mas é uma picada benéfica que queima intimamente e cura, pois o coração, quando se dá conta do próprio mal e se reconhece pecador, abre-se, acolhe a ação do Espírito Santo como água viva que o muda a ponto de lhe correrem as lágrimas pelo rosto [...]. Não significa *sentir pena de nós*, como muitas vezes somos tentados a fazer [...]. Diversamente *chorar por nós próprios* é arrepender-se seriamente de ter entristecido a Deus com o pecado; reconhecer que diante dele sempre estamos em débito, nunca em crédito [...]. Assim como a água, gota a gota, escava a pedra, as lágrimas lentamente escavam os corações endurecidos. Deste modo assiste-se ao milagre da tristeza, da tristeza boa que leva à doçura [...]. A compunção, mais do que fruto do nosso exercício, é uma *graça* e como tal *deve ser pedida na oração*"[77]. É "pedir dor com Cristo doloroso, angústia com Cristo angustiado, lágrimas, pena interna de tanto sofrimento que Cristo passou por mim"[78].

160. Peço, portanto, que ninguém ridicularize as expressões de fervor devoto do santo povo fiel de Deus, que na sua piedade popular procura consolar Cristo. E convido cada um a perguntar-se se não há mais racionalidade, mais verdade e mais sabedoria em certas manifestações desse amor que procura consolar o Senhor do que nos atos de amor frios, distantes, calculados e mínimos de que somos capazes, julgando-nos possuidores de uma fé mais reflexiva, cultivada e madura.

Consolados para consolar

161. Nessa contemplação do Coração de Cristo, entregue até o fim, somos consolados. A dor que sentimos no coração dá lugar a uma confiança total e, por fim, resta a gratidão, a

---

77. Francisco, *Homilia na Missa Crismal* (28 de março de 2024): *L'Osservatore Romano* (ed. semanal em português de 28 de março de 2024), 4-5.

78. Santo Inácio de Loyola, *Exercícios Espirituais*, n. 203.

ternura, a paz, o seu amor reinante na nossa vida. A compunção "não provoca angústia, mas alivia a alma dos seus pesos, porque intervém na ferida deixada pelo pecado, preparando-nos para receber lá mesmo a carícia do Senhor"[79]. E a nossa dor une-se à dor de Cristo na cruz, pois quando dizemos que a graça nos permite superar todas as distâncias, isso significa também que Cristo, quando sofria, estava unido a todos os sofrimentos dos seus discípulos ao longo da história. Assim, se sofremos, podemos experimentar a consolação interior de saber que o próprio Cristo sofre conosco. Desejando consolá-lo, saímos consolados.

162. Mas, num certo momento desta contemplação do coração que crê, deve ressoar aquele dramático apelo do Senhor: "Consolai, consolai meu povo" (Is 40,1). E recordamos as palavras de São Paulo, que nos lembra que Deus nos consola "para que nós possamos consolar os outros em qualquer provação, por meio daquela consolação que nós mesmos recebemos de Deus" (2Cor 1,4).

163. Isto convida-nos agora a procurar aprofundar a dimensão comunitária, social e missionária de toda a autêntica devoção ao Coração de Cristo. Com efeito, o Coração de Cristo, ao mesmo tempo que nos conduz ao Pai, envia-nos aos irmãos. Nos frutos de serviço, fraternidade e missão que o Coração de Cristo produz através de nós, cumpre-se a vontade do Pai. Assim se fecha o círculo: "Meu Pai é glorificado nisto: em que produzais muito fruto" (Jo 15,8).

---

79. Francisco, *Homilia na Missa Crismal* (28 de março de 2024): *L'Osservatore Romano* (ed. semanal em português de 28 de março de 2024), 4.

Capítulo V
Amor por amor

164. Nas experiências espirituais de Santa Margarida Maria encontramos, junto da declaração ardente do amor de Jesus Cristo, uma ressonância interior que nos chama a dar a vida. Sabermo-nos amados e colocar toda a nossa confiança nesse amor não significa anular as nossas capacidades de doação, não implica renunciar ao desejo irrefreável de dar alguma resposta a partir das nossas pequenas e limitadas capacidades.

Um lamento e um pedido

165. A partir da segunda grande manifestação a Santa Margarida, Jesus exprime dor porque o seu grande amor pelos homens "não recebia em troca senão ingratidão e indiferença. Isto — disse-me ele — custa-me muito mais do que tudo quanto sofri na minha Paixão"[1].

166. Jesus fala da sua sede de ser amado, mostrando-nos que o seu Coração não é indiferente à nossa reação diante do seu desejo: "Tenho sede, mas uma sede tão ardente de ser amado pelos homens no Santíssimo Sacramento, que esta sede me consome; e não encontro ninguém que se esforce, segundo o meu

---
1. Santa Margarida Maria de Alacoque, *Autobiografia*, n. 55, *o. c.*, 60.

desejo, por saciar a minha sede, retribuindo um pouco do meu amor"². O pedido de Jesus é o amor. Quando o coração fiel o descobre, a resposta que brota espontaneamente não é uma custosa busca de sacrifícios ou o mero cumprimento de um pesado dever, é uma questão de amor: "Recebi de Deus graças muito grandes do seu amor, e senti-me impelida pelo desejo de lhe corresponder de algum modo e de lhe pagar amor por amor"³. O mesmo ensina Leão XIII, escrevendo que, mediante a imagem do Sagrado Coração, a caridade de Cristo "nos move ao amor recíproco"⁴.

Prolongar o seu amor nos irmãos

167 É preciso voltar à Palavra de Deus para reconhecer que a melhor resposta ao amor do seu Coração é o amor aos irmãos; não há maior gesto que possamos oferecer-lhe para retribuir amor por amor. A Palavra de Deus o diz com toda a clareza:

> […] cada vez que fizestes isso a um dos menores desses meus irmãos, a mim o fizestes (Mt 25,40).

> Porque a Lei inteira é plenamente cumprida nesta única formulação: deves amar teu próximo como a ti mesmo (Gl 5,14).

> Nós sabemos que passamos da morte para a vida porque amamos nossos irmãos. Quem não ama permanece na morte (1Jo 3,14).

> Porque quem não ama seu irmão, a quem vê, não é possível que ame a Deus, a quem não vê (1Jo 4,20).

168 O amor aos irmãos não se fabrica, não é fruto do nosso esforço natural, mas exige uma transformação do nosso coração egoísta. Nasce então espontaneamente a célebre súplica:

---

2. Idem, *Carta ao Pe. Croiset* (3 de novembro de 1689): *Vie et Oeuvres de la Bienheureuse Marguerite-Marie Alacoque*, t. 2 (Paris, 1915), 576-577.
3. Idem, *Autobiografia*, n. 92, *o. c.*, 93.
4. Carta enc. *Annum Sacrum* (25 de maio de 1899): *ASS* 31 (1898-1899), 649.

"Jesus, fazei o nosso coração semelhante ao Vosso". Por isso mesmo, o convite de São Paulo não era: "Esforçai-vos por fazer boas obras". O seu convite era mais precisamente: "Tende entre vós os mesmos sentimentos que foram os de Cristo Jesus" (Fl 2,5).

169 É bom lembrar que no Império Romano muitos pobres, forasteiros e tantos outros descartados encontravam respeito, carinho e cuidado nos cristãos. Isto explica o raciocínio do imperador apóstata Juliano, que se perguntava por que os cristãos eram tão respeitados e seguidos, e considerava que uma das razões era o seu empenho na assistência aos pobres e forasteiros, já que o Império os ignorava e desprezava. Para este imperador, era intolerável que os pobres não recebessem ajuda de sua parte, enquanto os odiados cristãos "alimentam os seus e também os nossos"[5]. Em uma carta, insiste, em particular, na ordem de criar instituições de caridade para competir com os cristãos e atrair o respeito da sociedade: "Estabeleça em todas as cidades alojamentos numerosos para que os estrangeiros possam gozar da nossa humanidade. [...] Habitue os helenos às obras de beneficência"[6]. Mas não atingiu o seu objetivo, certamente porque por detrás destas obras não havia o amor cristão, que permitia reconhecer em cada pessoa uma dignidade única.

170 Identificando-se com os últimos da sociedade (cf. Mt 25,31-46), "Jesus trouxe a grande novidade do reconhecimento da dignidade de cada pessoa, como também e sobretudo daquelas qualificadas como 'indignas'. Este princípio novo na história, pelo qual o ser humano é tanto mais 'digno' de respeito e de amor quanto mais é fraco, mísero e sofredor, a ponto de perder a própria 'figura' humana, mudou o rosto do mundo, dando vida a instituições que se dedicam a cuidar daqueles que se encontram em condições desumanas: os recém-nascidos abandonados, os órfãos, os idosos deixados sozinhos, os doentes men-

---

5. Juliano, *Epist. XLIX ad Arsacium Pontificem Galatiae* (Mainz, 1828), 90-91.
6. Ibid.

tais, os portadores de doenças incuráveis ou com graves malformações, os sem-teto"[7].

171. Mesmo do ponto de vista da ferida do seu Coração, olhar para o Senhor, que "tomou sobre si as nossas enfermidades e carregou as nossas doenças" (Mt 8,17), ajuda-nos a prestar mais atenção ao sofrimento e às necessidades dos outros, e torna-nos suficientemente fortes para participar na sua obra de libertação como instrumentos de difusão do seu amor[8]. Se contemplarmos a entrega de Cristo por todos, torna-se inevitável perguntarmo-nos por que razão não somos capazes de dar a nossa vida pelos outros: "Eis como reconhecemos o amor: ele entregou sua vida por nós. Assim nós também devemos dar a vida por nossos irmãos" (1Jo 3,16).

Algumas ressonâncias na história da espiritualidade

172. Esta união entre a devoção ao Coração de Jesus e o compromisso com os irmãos atravessa a história da espiritualidade cristã. Vejamos alguns exemplos.

Ser uma fonte para os outros

173. A partir de Orígenes, vários Padres da Igreja interpretaram o texto de João 7,38 — "hão de correr do seu coração rios de água viva" — como referindo-se ao próprio fiel, ainda que seja a consequência de ele próprio ter bebido de Cristo. Assim, a união com Cristo não tem apenas o objetivo de saciar a própria sede, mas de se tornar uma fonte de água fresca para

---

7. Dicastério para a Doutrina da Fé, Declaração *Dignitas Infinita* (2 de abril de 2024), 19.
8. Cf. Bento XVI, *Carta ao Prepósito Geral da Companhia de Jesus na ocasião do 50º aniversário da Encíclica Haurietis Aquas* (15 de maio de 2006): *AAS* 98 (2006), 461.

os outros. Orígenes dizia que Cristo cumpre a sua promessa fazendo brotar em nós correntes de água: "A alma do ser humano, que é imagem de Deus, pode conter em si mesma e produzir de si mesma poços, fontes e rios"[9].

174 Santo Ambrósio recomendava beber de Cristo "para que abunde em ti a fonte de água que jorra para a vida eterna"[10]. E Mário Vitorino sustentava que o Espírito Santo é dado em tal abundância que "quem o recebe torna-se um ventre que emana rios de água viva"[11]. Santo Agostinho dizia que este rio que brota do fiel é a benevolência[12]. Santo Tomás de Aquino reafirmou esta ideia, ao sustentar que quando alguém "se apressa a comunicar aos outros os diversos dons da graça que recebeu de Deus, brota do seu ventre água viva"[13].

175 Com efeito, embora "o sacrifício da cruz, oferecido com coração amante e obediente, apresente uma satisfação superabundante e infinita pelos pecados do gênero humano"[14], a Igreja, que nasce do Coração de Cristo, prolonga e comunica em todos os tempos e lugares os efeitos dessa única paixão redentora, que conduz os homens à união direta com o Senhor.

176 Na Igreja, a mediação de Maria, intercessora e mãe, só pode ser entendida "como participação nesta única fonte, que é a mediação do próprio Cristo"[15], único Redentor, e "a Igreja não hesita em proclamar esta função subordinada de Maria"[16]. A devoção ao coração de Maria não quer enfraquecer

---

9. *In Num. homil.* 12, 1: *PG* 12, 657.
10. *Epist.* 29, 24: *PL* 16, 1060.
11. *Adv. Arium* 1, 8: *PL* 8, 1044.
12. Cf. *Tract. in Joannem* 32, 4: *PL* 35, 1643.
13. *Expos. in Ev. S. Joannis*, cap. 7, lectio 5.
14. Pio XII, Carta enc. *Haurietis Aquas* (15 de maio de 1956), 20: *AAS* 48 (1956), 321.
15. São João Paulo II, Carta enc. *Redemptoris Mater* (25 de março de 1987), 38: *AAS* 79 (1987), 411.
16. Conc. Ecum. Vaticano II, Const. dogm. *Lumen Gentium*, 62.

a adoração única devida ao Coração de Cristo, mas estimulá-la: "A função maternal de Maria em relação aos homens de modo algum ofusca ou diminui esta mediação única de Cristo; manifesta antes a sua eficácia"[17]. Graças à imensa fonte que brota do lado aberto de Cristo, a Igreja, Maria e todos os fiéis, de diferentes maneiras, tornam-se canais de água viva. Deste modo, o próprio Cristo revela a sua glória na nossa pequenez.

Fraternidade e mística

177. São Bernardo, ao mesmo tempo que convidava à união com o Coração de Cristo, aproveitava a riqueza desta devoção para propor uma mudança de vida fundada no amor. Ele acreditava que era possível uma transformação da afetividade escravizada pelos prazeres, que não se liberta pela obediência cega a uma ordem, mas em resposta à doçura do amor de Cristo. Supera-se o mal com o bem, vence-se o mal com o crescimento do amor: "Ama, pois, o Senhor, teu Deus, com o afeto de um coração pleno e íntegro; ama-o com toda a vigilância e circunspeção da razão; ama-o também com todas as forças, de modo que nem sequer tenhas medo de morrer por seu amor [...]. Que o Senhor Jesus seja doce e suave ao teu coração, contra os prazeres carnais malignamente doces, e que a doçura vença a doçura, como um prego expulsa outro prego"[18].

178. São Francisco de Sales foi especialmente iluminado pelo pedido de Jesus: "aprendei de mim, que sou manso e humilde de coração" (Mt 11,29). Assim, dizia ele, nas coisas mais simples e ordinárias roubamos o coração do Senhor: "É necessário ter o cuidado de o servir bem, seja nas coisas grandes e elevadas, seja nas coisas pequenas e desprezíveis, pois podemos igualmente, por estas ou por aquelas, roubar-lhe o coração por amor [...]. Estes pequenos gestos cotidianos de caridade, esta dor de cabeça, esta

---

17. Ibid., 60.
18. *Sermones super Cant.*, XX, 4: *PL* 183, 869.

dor de dentes, esta indisposição, esta contrariedade do marido ou da mulher, este quebrar de um copo, este desprezo ou este enfado, a perda das luvas, de um anel, de um lenço, este pequeno incômodo assumido para deitar-se à boa hora e se levantar cedo para rezar, para receber a comunhão, esta pequena vergonha que se experimenta ao fazer um ato de devoção em público; em suma, todos estes pequenos sofrimentos recebidos e abraçados com amor satisfazem grandemente à Bondade divina"[19]. Mas, em última análise, a chave da nossa resposta ao amor do Coração de Cristo é o amor ao próximo: "É um amor firme, constante, imutável, que, não se detendo em ninharias, nem nas qualidades ou condições das pessoas, não está sujeito a mudanças ou animosidades [...]. Nosso Senhor ama-nos sem interrupção, suporta as nossas faltas como as nossas imperfeições; [...] devemos, portanto, fazer o mesmo em relação aos nossos irmãos, jamais deixando de apoiá-los"[20].

179 São Charles de Foucauld queria imitar Jesus Cristo, viver como ele viveu, agir como ele agiu, fazer sempre o que Jesus teria feito no seu lugar. Para realizar plenamente este objetivo, necessitava conformar-se aos sentimentos do Coração de Cristo. Assim, a expressão "amor por amor" aparece mais uma vez, quando ele diz: "Desejo de sofrimentos, para retribuir-lhe amor por amor, para imitá-lo [...], para integrar a sua obra e oferecer-me com ele, o nada que sou, em sacrifício, como vítima, para a santificação dos homens"[21]. O desejo de levar o amor de Jesus, o seu trabalho missionário entre os mais pobres e esquecidos da terra, levou-o a adotar como lema *Iesus Caritas*, com o símbolo do Coração de Cristo encimado por uma cruz[22]. Não foi uma decisão superficial: "Com todas as minhas forças, procuro mostrar e provar a estes pobres irmãos perdidos que a nossa religião é toda ca-

---

19. *Introdução à vida devota*, p. III, c. 35. In: *Oeuvres de Saint François de Sales*, t. III (Annecy, 1893), 254-255.
20. *Sermão para o XVII Domingo depois de Pentecostes*. In: *o. c.*, t. IX (Annecy, 1897), Sermons, vol. 3, 200-201.
21. *Retiro feito em Nazaré* (5-15 de novembro de 1897).
22. A partir de 19 de março de 1902, todas as suas cartas são encabeçadas com as palavras *Iesus Caritas*, separadas por um coração encimado por uma cruz.

ridade, toda fraternidade, que o seu emblema é um coração"²³. E quis estabelecer-se com outros irmãos "em Marrocos, em nome do coração de Jesus"²⁴. Deste modo, a ação evangelizadora deles seria uma irradiação: "A caridade deve irradiar das fraternidades como irradia do coração de Jesus"²⁵. Este desejo fez dele, pouco a pouco, um irmão universal, porque, deixando-se plasmar pelo Coração de Cristo, quis abraçar no seu coração fraterno toda a humanidade sofredora: "O nosso coração, como o da Igreja, como o de Jesus, deve abraçar todos os homens"²⁶. "O amor do coração de Jesus pelos homens, o amor que ele manifestou na sua paixão, é o amor que nós devemos ter por todos os seres humanos."²⁷

180. O padre Henri Huvelin, diretor espiritual de São Charles de Foucauld, dizia que "quando Nosso Senhor vive num coração, ele lhe dá esses sentimentos, e esse coração se abaixa para os pequenos. Tal foi a disposição do coração de um Vicente de Paulo [...]. Quando Nosso Senhor vive na alma de um sacerdote, inclina-o para os pobres"²⁸. É importante notar como esta dedicação de São Vicente, que o padre Huvelin descreve, era também alimentada pela devoção ao Coração de Cristo. São Vicente exortava a "tomar do coração de Nosso Senhor algumas palavras de consolação"²⁹ para o pobre doente. Para que isso seja real, pressupõe-se que o próprio coração tenha sido transformado pelo amor e pela mansidão do Coração de Cristo, e São Vicente repetiu muito essa convicção nos seus sermões e conselhos, tanto que se tornou uma caraterística proeminente das Constituições de sua Congregação: "Todos também porão grande diligência em

---

23. *Carta ao Pe. Huvelin* (15 de julho de 1904).
24. *Carta a D. Martin* (25 de janeiro de 1903).
25. *Anexo VI*. In: René Voillaume, *Les fraternités du Père de Foucauld* (Paris, 1946), 173.
26. *Méditations des saints Évangiles sur les passages relatifs à quinze vertus* (Nazaré, 1897-1898), *Charité* 77 (Mt 20,28). In: Charles de Foucauld, *Aux plus petits de mes frères* (Paris, 1973), 82.
27. Ibid., *Charité* 90 (Mt 27,30). In: *o. c.*, 95.
28. Henri Huvelin, *Quelques Directeurs d'Âmes au XVII siècle* (Paris, 1911), 97.
29. *Conferências às Filhas da Caridade* (11 de novembro de 1657). In: São Vicente de Paulo, *Obras completas*, t. 9/2 (Salamanca, 1974), 917.

aprender esta lição ensinada por Cristo: 'Aprendei de Mim, que sou manso e humilde de coração', considerando que — como ele mesmo afirma — com a mansidão se possui a terra, porque com o exercício desta virtude se ganham os corações dos homens para se converterem a Deus, o que não conseguem aqueles que tratam o próximo dura e asperamente"[30].

A reparação: construir sobre as ruínas

181. Tudo isto nos permite compreender, à luz da Palavra de Deus, que sentido devemos dar à "reparação" oferecida ao Coração de Cristo, aquilo que o Senhor realmente espera que reparemos com a ajuda da sua graça. Muito se discutiu a este respeito, mas São João Paulo II ofereceu uma resposta clara aos cristãos de hoje, a fim de nos guiar para um espírito de reparação mais em sintonia com o Evangelho.

Sentido social da reparação do Coração de Cristo

182. São João Paulo II explicou que, entregando-nos em conjunto ao Coração de Cristo, "sobre as ruínas acumuladas pelo ódio e pela violência, poderá ser construída a civilização do amor tão desejada, o Reino do Coração de Cristo"; isto implica certamente que sejamos capazes de "unir o amor filial para com Deus e o amor ao próximo"; pois bem, "é esta a verdadeira reparação pedida pelo Coração do Salvador"[31]. Junto a Cristo, sobre as ruínas que, com o nosso pecado, deixamos neste mundo, somos chamados a construir uma nova civilização do amor. Isso é reparar conforme o que o Coração de Cristo espera de nós. No meio

---

30. *Regras comuns da Congregação da Missão* (17 de maio de 1658), c. 2, 6. In: *o. c.*, t. 10, 470.

31. *Carta ao Prepósito-Geral da Companhia de Jesus*, Paray-le-Monial (5 de outubro de 1986): *L'Osservatore Romano* (ed. semanal em português de 12 de outubro de 1986), 9.

do desastre deixado pelo mal, o Coração de Cristo quis precisar da nossa colaboração para reconstruir a bondade e a beleza.

183. É verdade que todo o pecado prejudica a Igreja e a sociedade, de modo que "a cada pecado pode atribuir-se indiscutivelmente o caráter de pecado *social*", embora isto seja especialmente verdade para alguns pecados que "constituem, pelo seu próprio objeto, uma agressão direta ao próximo"[32]. São João Paulo II explicou que a repetição destes pecados contra os outros acaba muitas vezes por consolidar uma "estrutura de pecado" que afeta o desenvolvimento dos povos[33]. Frequentemente isto está inserido em uma mentalidade dominante que considera normal ou racional o que não passa de egoísmo e indiferença. Este fenômeno pode definir-se como alienação social: "Alienada é a sociedade que, nas suas formas de organização social, de produção e de consumo, torna mais difícil a realização deste dom e a constituição dessa solidariedade inter-humana"[34]. Não é apenas uma norma moral que nos leva a resistir a estas estruturas sociais alienadas, a desnudá-las e a criar um dinamismo social que restaure e construa o bem, mas é a própria "conversão do coração" que "impõe a obrigação"[35] de reparar tais estruturas. É a nossa resposta ao Coração amante de Jesus Cristo que nos ensina a amar.

184. Precisamente porque a reparação evangélica tem este forte significado social, os nossos atos de amor, de serviço e de reconciliação, para serem reparações eficazes, requerem que Cristo os impulsione, os motive e os torne possíveis. São João Paulo II dizia também que "para construir uma civilização do amor"[36], a humanidade de hoje precisa do Coração de Cristo. A reparação

---

32. São João Paulo II, Exort. ap. pós-sinodal *Reconciliatio et Paenitentia* (2 de dezembro de 1984), 16: *AAS* 77 (1985), 215.
33. Cf. Carta enc. *Sollicitudo Rei Socialis* (30 de dezembro de 1987), 36: *AAS* 80 (1988), 561-562.
34. Carta enc. *Centesimus annus* (1º de maio de 1991), 41: *AAS* 83 (1991), 844-845.
35. Catecismo da Igreja Católica, n. 1888.
36. Cf. *Catequese* (8 de junho de 1994): *L'Osservatore Romano* (ed. semanal em português de 11 de junho de 1994), 8.

cristã não pode ser entendida apenas como um conjunto de obras exteriores, que são indispensáveis e por vezes admiráveis. Exige uma espiritualidade, uma alma, um sentido que lhe dê força, impulso e criatividade incansável. Precisa da vida, do fogo e da luz que vêm do Coração de Cristo.

Reparar os corações feridos

185. Por outro lado, uma reparação meramente exterior não é suficiente; nem para o mundo, nem para o Coração de Cristo. Se cada um pensar nos seus próprios pecados e nas consequências para os outros, descobrirá que reparar os danos causados a este mundo implica também o desejo de reparar os corações feridos, onde se produziu o dano mais profundo, a ferida mais dolorosa.

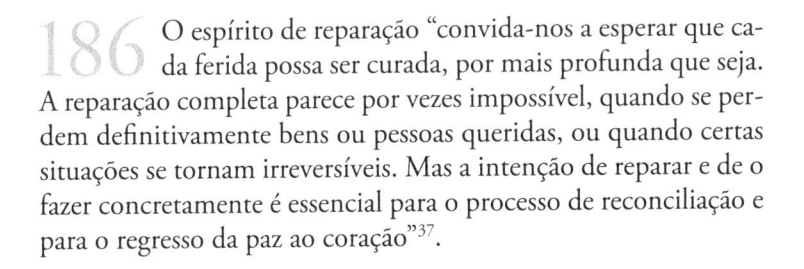

186. O espírito de reparação "convida-nos a esperar que cada ferida possa ser curada, por mais profunda que seja. A reparação completa parece por vezes impossível, quando se perdem definitivamente bens ou pessoas queridas, ou quando certas situações se tornam irreversíveis. Mas a intenção de reparar e de o fazer concretamente é essencial para o processo de reconciliação e para o regresso da paz ao coração"[37].

A beleza de pedir perdão

187. Não bastam as boas intenções; é indispensável um dinamismo interior de desejo, que terá consequências externas. Em suma, "a reparação, para ser cristã, para tocar o coração da pessoa ofendida e não ser um simples ato de justiça comutativa, pressupõe duas atitudes exigentes: reconhecer a culpa e pedir perdão [...] É deste reconhecimento honesto do mal cau-

---

37. Francisco, *Discurso aos participantes do Colóquio internacional "Réparer l'irréparable", no 350º aniversário das aparições de Jesus em Paray-le-Monial* (4 de maio de 2024): *L'Osservatore Romano* (4 de maio de 2024), 12.

sado ao irmão, e do sentimento profundo e sincero de que o amor foi ferido, que nasce o desejo de reparar"[38].

188. Não se deve pensar que reconhecer o próprio pecado perante os outros seja algo degradante ou prejudicial para a nossa dignidade humana. Pelo contrário, é deixar de mentir a si mesmo, é reconhecer a própria história tal como ela é, marcada pelo pecado, sobretudo quando fizemos mal aos nossos irmãos: "Acusar-se a si mesmo faz parte da sabedoria cristã. [...] Isto agrada ao Senhor, porque o Senhor recebe o coração contrito"[39].

189. Faz parte deste espírito de reparação o bom hábito de pedir perdão aos irmãos, que revela uma enorme nobreza no meio da nossa fragilidade. Pedir perdão é uma forma de curar as relações pois "reabre o diálogo e manifesta o desejo de restabelecer o vínculo da caridade fraterna [...], toca o coração do irmão, consola-o e inspira-o a aceitar o perdão pedido. Assim, se o irreparável não pode ser completamente reparado, o amor pode sempre renascer, tornando a ferida suportável"[40].

190. Um coração capaz de compaixão pode crescer em fraternidade e solidariedade, porque "quem não chora retrocede, envelhece interiormente, ao passo que a pessoa que chega a uma oração mais simples e íntima, feita de adoração e comoção diante de Deus, amadurece. Prende-se cada vez menos a si mesma e mais a Cristo, e torna-se pobre em espírito. Deste modo sente-se mais próxima dos pobres, os prediletos de Deus"[41]. Por conseguinte, surge um autêntico espírito de reparação, pois "quem está compungido no coração, sente-se cada vez mais irmão de todos os pecadores do mundo, sente-se mais irmão, sem qualquer aparência

---

38. Ibidem.
39. Idem, *Homilia na Missa matutina de Santa Marta* (6 de março de 2018): *L'Osservatore Romano* (ed. semanal em português de 15 de março de 2018), 12-13.
40. Idem, *Discurso aos participantes do Colóquio internacional "Réparer l'irréparable", no 350º aniversário das aparições de Jesus em Paray-le-Monial* (4 de maio de 2024): *L'Osservatore Romano* (4 de maio de 2024), 12.
41. Idem, *Homilia na Missa Crismal* (28 de março de 2024): *L'Osservatore Romano* (ed. semanal em português de 28 de março de 2024), 5.

de superioridade nem dureza de juízo, mas sempre com desejo de amar e reparar"⁴². Esta solidariedade gerada pela compunção torna, ao mesmo tempo, possível a reconciliação. A pessoa capaz de compunção, "em vez de se irritar e escandalizar pelo mal feito pelos irmãos, chora pelos pecados deles. Não se escandaliza. Cumpre-se uma espécie de reviravolta: a tendência natural de ser indulgente consigo mesmo e inflexível com os outros inverte-se e, pela graça de Deus, a pessoa torna-se exigente consigo mesma e misericordiosa com os outros"⁴³.

A reparação: um prolongamento do Coração de Cristo

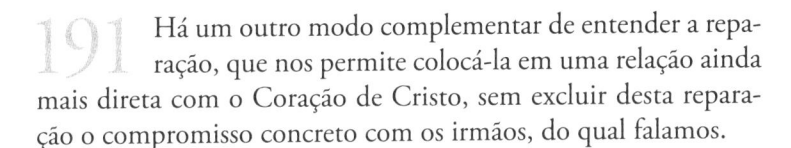

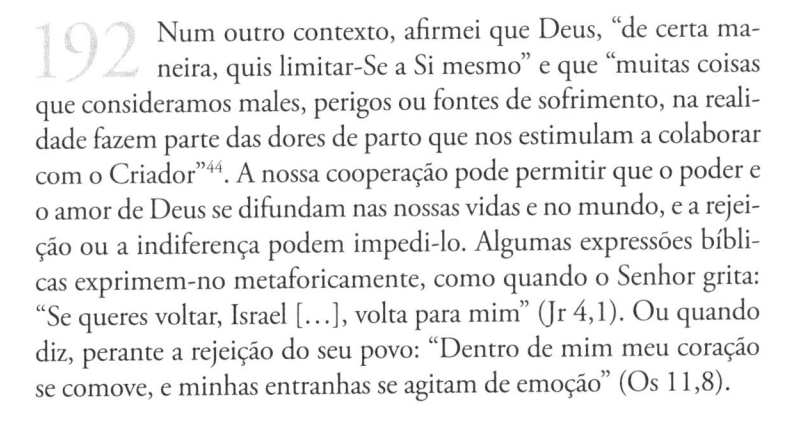

191 Há um outro modo complementar de entender a reparação, que nos permite colocá-la em uma relação ainda mais direta com o Coração de Cristo, sem excluir desta reparação o compromisso concreto com os irmãos, do qual falamos.

192 Num outro contexto, afirmei que Deus, "de certa maneira, quis limitar-Se a Si mesmo" e que "muitas coisas que consideramos males, perigos ou fontes de sofrimento, na realidade fazem parte das dores de parto que nos estimulam a colaborar com o Criador"⁴⁴. A nossa cooperação pode permitir que o poder e o amor de Deus se difundam nas nossas vidas e no mundo, e a rejeição ou a indiferença podem impedi-lo. Algumas expressões bíblicas exprimem-no metaforicamente, como quando o Senhor grita: "Se queres voltar, Israel [...], volta para mim" (Jr 4,1). Ou quando diz, perante a rejeição do seu povo: "Dentro de mim meu coração se comove, e minhas entranhas se agitam de emoção" (Os 11,8).

193 Embora não seja possível falar de um novo sofrimento de Cristo glorioso, "o mistério pascal de Cristo [...] e

---

42. Ibidem.
43. Ibidem.
44. Carta enc. *Laudato Si'* (24 de maio de 2015), 80: *AAS* 107 (2015), 879.

tudo o que Cristo é, tudo o que fez e sofreu por todos os homens, participa da eternidade divina, e assim transcende todos os tempos e em todos se torna presente"[45]. Deste modo, podemos dizer que ele mesmo aceitou limitar a glória expansiva da sua ressurreição, conter a difusão do seu imenso e ardente amor para dar lugar à nossa livre cooperação com o seu Coração. Isto é tão real que a nossa recusa o detém nesse impulso de doação, tal como a nossa confiança e a oferta de nós próprios abre um espaço, oferece um canal desimpedido para a efusão do seu amor. A nossa rejeição ou indiferença limitam os efeitos do seu poder e a fecundidade do seu amor em nós. Se ele não encontra em mim confiança e abertura, o seu amor fica privado — porque ele mesmo assim o quis — do seu prolongamento na minha vida, que é única e irrepetível, e no mundo onde me chama a torná-lo presente. Isso não vem da sua fragilidade, mas da sua liberdade infinita, do seu poder paradoxal e da perfeição do seu amor por cada um de nós. Quando a onipotência de Deus se manifesta na fraqueza da nossa liberdade, "só a fé a pode descobrir"[46].

194. Com efeito, Santa Margarida conta que, em uma das manifestações de Cristo, ele lhe falou do seu Coração apaixonado de amor por nós, que, "não podendo já conter em si as chamas da sua ardente caridade, precisa derramá-las"[47]. Uma vez que o Senhor todo-poderoso, na sua liberdade divina, quis ter necessidade de nós, a reparação entende-se como o remover dos obstáculos que colocamos à expansão do amor de Cristo no mundo, com as nossas faltas de confiança, gratidão e entrega.

A oferta ao Amor

195. Para refletir melhor sobre este mistério, socorremo-nos novamente da luminosa espiritualidade de Santa

---

45. *Catecismo da Igreja Católica*, n. 1085.
46. Ibid., n. 268.
47. *Autobiografia*, n. 53: *o. c.*, 57.

Teresa do Menino Jesus. Ela sabia que algumas pessoas tinham desenvolvido uma forma extrema de reparação, com a boa vontade de se dar pelos outros, que consistia em oferecer-se como uma espécie de "para-raios" a fim de que a justiça divina se realizasse: "Pensei nas almas que se oferecem como vítimas à Justiça de Deus, a fim de desviarem e de atraírem sobre elas os castigos reservados aos culpados"[48]. Mas, por muito admirável que tal oferta possa parecer, ela não está muito convencida disso: "Estava longe de me sentir impelida a fazê-lo"[49]. Esta insistência na justiça divina acaba por levar a pensar que o sacrifício de Cristo fosse incompleto ou parcialmente eficaz, ou que a sua misericórdia não fosse suficientemente intensa.

196 Com a sua intuição espiritual, Santa Teresa do Menino Jesus descobriu que existe uma outra maneira de se oferecer, em que não é necessário saciar a justiça divina, mas deixar o amor infinito do Senhor difundir-se sem entraves: "Ó meu Deus! O vosso Amor desprezado vai ficar no vosso Coração? Estou convencida de que se encontrásseis almas que se oferecessem como vítimas de holocausto ao vosso Amor, as consumiríeis rapidamente. Creio que ficaríeis contente por não reprimirdes as ondas de infinita ternura que há em vós"[50].

197 Não há nada a acrescentar ao único sacrifício redentor de Cristo, mas é verdade que a recusa da nossa liberdade não permite que o Coração de Cristo espalhe as suas "ondas de infinita ternura" neste mundo. E isto porque o próprio Senhor quer respeitar esta possibilidade. Foi isto, mais do que a justiça divina, que inquietou o coração de Santa Teresa do Menino Jesus, pois para ela a justiça só pode ser compreendida à luz do amor. Vimos que ela adorava todas as perfeições divinas através da misericórdia, e assim as via transfiguradas, radiantes de amor,

---

48. *Ms A*, 84 rº: Santa Teresa do Menino Jesus, *Obras completas* (Avessadas, 1996), 214-215.
49. Ibid., 215.
50. Ibidem.

dizendo: "A própria Justiça (e talvez mais ainda que qualquer outra) me parece revestida de amor"[51].

198 Deste modo, nasce o seu ato de oferecimento, não à justiça divina, mas ao Amor misericordioso: "Ofereço-me como vítima de holocausto ao vosso amor misericordioso, suplicando-vos que me consumais sem cessar, deixando transbordar para a minha alma as ondas de ternura infinita que estão encerradas em vós, e que assim eu me torne mártir do vosso Amor, ó meu Deus!"[52]. É importante notar que não se trata apenas de deixar que o Coração de Cristo difunda a beleza do seu amor no nosso coração, através de uma confiança total, mas também que, através da própria vida, chegue aos outros e transforme o mundo: "No coração da Igreja, minha Mãe, eu serei o Amor […], assim o meu sonho será realizado"[53]. Os dois aspectos estão inseparavelmente ligados.

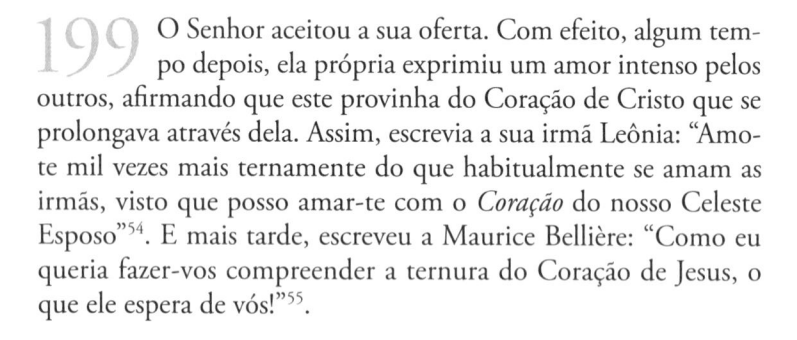

199 O Senhor aceitou a sua oferta. Com efeito, algum tempo depois, ela própria exprimiu um amor intenso pelos outros, afirmando que este provinha do Coração de Cristo que se prolongava através dela. Assim, escrevia a sua irmã Leônia: "Amo-te mil vezes mais ternamente do que habitualmente se amam as irmãs, visto que posso amar-te com o *Coração* do nosso Celeste Esposo"[54]. E mais tarde, escreveu a Maurice Bellière: "Como eu queria fazer-vos compreender a ternura do Coração de Jesus, o que ele espera de vós!"[55].

Integridade e harmonia

200 Irmãs e irmãos, proponho que desenvolvamos esta forma de reparação, que é, em última análise, ofere-

---

51. *Ms A*, 83 vº: *o. c.*, 214. Cf. *Carta 226, Ao Pe. Roulland* (9 de maio de 1897): *o. c.*, 606-610.
52. Oração 6. *Oferecimento de mim mesma como Vítima de Holocausto ao Amor Misericordioso de Deus*, 2 rº-2 vº: *o. c.*, 1078.
53. *Ms B*, 3 vº: *o. c.*, 230.
54. *Carta 186, A Leônia* (11 de abril de 1896): *o. c.*, 549.
55. *Carta 258, Ao Pe. Bellière* (18 de julho de 1897): *o. c.*, 557.

cer ao Coração de Cristo uma nova possibilidade de difundir neste mundo as chamas da sua ternura ardente. Se é verdade que a reparação implica o desejo de "desagravar o Amor incriado da injustiça que lhe infligem tantas negligências, e esquecimentos e injúrias"[56], o modo mais adequado é que o nosso amor, em troca daqueles momentos em que foi rejeitado ou negado, dê ao Senhor a possibilidade de se dilatar. Isso acontece se o nosso amor ultrapassa a mera "consolação" a Cristo, de que falamos no capítulo anterior, e se transforma em atos de amor fraterno com os quais curamos as feridas da Igreja e do mundo. Deste modo, oferecemos novas expressões da força restauradora do Coração de Cristo.

201 As renúncias e os sofrimentos exigidos por estes atos de amor ao próximo unem-nos à paixão de Cristo, e sofrendo com Cristo "nesta mística crucifixão de que fala o Apóstolo, com ainda maior abundância receberemos, para nós e para os outros, frutos de propiciação e de indulgência"[57]. Só Cristo salva pela sua entrega na cruz por nós, só ele redime, "Pois existe um só Deus e um só mediador entre Deus e os homens: o homem Cristo Jesus, que se entregou a si mesmo como resgate por todos" (1 Tm 2,5-6). A reparação que oferecemos é uma participação, que aceitamos livremente, no seu amor redentor e no seu único sacrifício. Assim, completamos na nossa carne "o que falta às tribulações de Cristo, em favor de seu Corpo, que é a Igreja" (Cl 1,24) e é o próprio Cristo que prolonga através de nós os efeitos da sua doação total no amor.

202 Os sofrimentos têm muitas vezes a ver com o nosso ego ferido, mas é precisamente a humildade do Coração de Cristo que nos indica o caminho do abaixamento. Deus quis vir até nós humilhando-se, fazendo-se pequeno. Já o Antigo Testamento nos ensina isso, através das várias metáforas que mostram um Deus que entra na pequenez da história e se deixa rejeitar pelo seu povo. O seu amor mistura-se com a vida cotidiana do

---

56. Pio XI, Carta enc. *Miserentissimus Redemptor* (8 de maio de 1928), 6: *AAS* 20 (1928), 169.
57. Ibid., 11: *AAS* 20 (1928), 172.

povo amado e torna-se mendigo de uma resposta, como se pedisse licença para mostrar a sua glória. Por outro lado, "talvez uma só vez, com palavras suas, tenha o Senhor Jesus apelado para o seu coração. E salientou este único traço: 'mansidão e humildade'. Como se dissesse que só por este caminho quer conquistar o homem"[58]. Quando Cristo disse: "aprendei de mim, que sou manso e humilde de coração" (Mt 11,29), indicou que "para se exprimir necessita da nossa pequenez, do nosso abaixamento"[59].

203 No que dissemos, é importante notar vários aspectos inseparáveis, porque estas ações de amor ao próximo, com todas as renúncias e abnegações, os sofrimentos e fadigas que implicam, cumprem essa função quando são alimentadas pela caridade do próprio Cristo. Ele permite-nos amar como ele amou e, assim, ele próprio ama e serve através de nós. Se, por um lado, parece apequenar-se, aniquilar-se, porque quis manifestar o seu amor mediante os nossos gestos, por outro lado, nas mais simples obras de misericórdia, o seu Coração é glorificado e manifesta toda a sua grandeza. Um coração humano que dá espaço ao amor de Cristo através de uma confiança total e o deixa expandir-se na sua própria vida com o seu fogo, torna-se capaz de amar os outros como Cristo, tornando-se pequeno e próximo de todos. Assim Cristo sacia a sua sede e espalha gloriosamente, em nós e através de nós, as chamas da sua ternura ardente. Reparemos na bela harmonia que existe em tudo isso.

204 Finalmente, para compreender essa devoção em toda a sua riqueza, retomando o que dissemos sobre a sua dimensão trinitária, é necessário acrescentar que a reparação de Cristo enquanto ser humano é oferecida ao Pai por obra do Espírito Santo em nós. Portanto, a nossa reparação ao Coração de Cristo dirige-se, em última análise, ao Pai, que se compraz em ver-nos unidos a Cristo quando nos oferecemos por ele, com ele e nele.

---

58. São João Paulo II, *Catequese* (20 de junho de 1979): *L'Osservatore Romano* (ed. semanal em português de 24 de junho de 1979), 12.
59. Francisco, *Homilia na Missa matutina de Santa Marta* (27 de junho de 2014): *L'Osservatore Romano* (ed. semanal em espanhol de 4 de julho de 2014), 10.

Fazer o mundo enamorar-se

205 A proposta cristã é atrativa quando pode ser vivida e manifestada na sua integralidade: não como um simples refúgio em sentimentos religiosos ou em cultos faustosos. Que culto seria o de Cristo se nos contentássemos com uma relação individual desinteressada em ajudar os outros a sofrer menos e a viver melhor? Poderá agradar ao Coração que tanto amou se nos mantivermos em uma experiência religiosa íntima, sem consequências fraternas e sociais? Sejamos honestos e leiamos a Palavra de Deus na sua inteireza. Por isso mesmo dizemos que não se trata sequer de uma promoção social desprovida de significado religioso, que no fundo seria querer para o ser humano menos do que aquilo que Deus lhe quer dar. É por isso que temos de concluir este capítulo recordando a dimensão missionária do nosso amor ao Coração de Cristo.

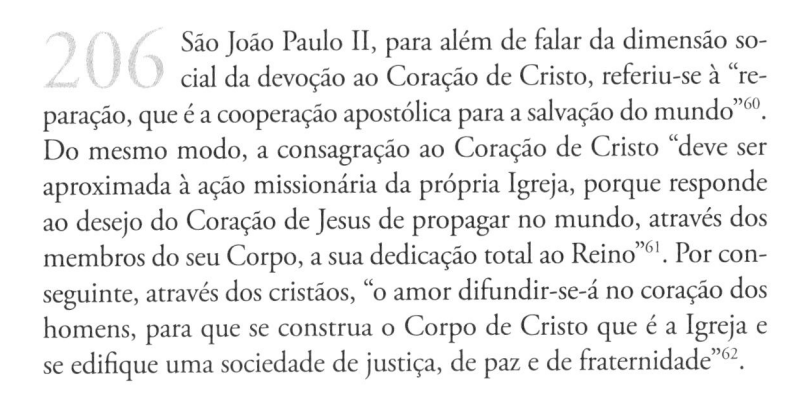

206 São João Paulo II, para além de falar da dimensão social da devoção ao Coração de Cristo, referiu-se à "reparação, que é a cooperação apostólica para a salvação do mundo"[60]. Do mesmo modo, a consagração ao Coração de Cristo "deve ser aproximada à ação missionária da própria Igreja, porque responde ao desejo do Coração de Jesus de propagar no mundo, através dos membros do seu Corpo, a sua dedicação total ao Reino"[61]. Por conseguinte, através dos cristãos, "o amor difundir-se-á no coração dos homens, para que se construa o Corpo de Cristo que é a Igreja e se edifique uma sociedade de justiça, de paz e de fraternidade"[62].

207 O prolongamento das chamas de amor do Coração de Cristo ocorre também na obra missionária da Igreja, que leva o anúncio do amor de Deus manifestado em Cristo. São

---

60. *Mensagem por ocasião do centenário da consagração do gênero humano ao divino Coração de Jesus* (Varsóvia, 11 de junho de 1999): *L'Osservatore Romano* (ed. semanal em português de 19 de junho de 1999), 2.
61. Ibidem.
62. *Carta a D. Louis-Marie Billé, Arcebispo de Lião, por ocasião da peregrinação a Paray-le-Monial* (4 de junho de 1999): *L'Osservatore Romano* (ed. semanal em português de 19 de junho de 1999), 1.

Vicente de Paulo ensinou-o muito bem quando convidou os seus discípulos a pedir ao Senhor "esse coração, esse coração que nos faz ir a toda a parte, esse coração do Filho de Deus, o coração de Nosso Senhor, que nos dispõe a ir como ele iria [...] e nos envia como enviou-lhes [os apóstolos], para levar o seu fogo a toda a parte"[63].

208. São Paulo VI, dirigindo-se às congregações que propagavam a devoção ao Sagrado Coração, recordava que "o empenho pastoral e o ardor missionário serão intensamente inflamados quando os sacerdotes e os fiéis, para difundir a glória de Deus e seguindo o exemplo da caridade eterna que Cristo nos mostrou, orientarem os seus esforços para comunicar a todos os homens as riquezas insondáveis de Cristo"[64]. À luz do Sagrado Coração, a missão torna-se uma questão de amor, e o maior risco desta missão é que digam e façam muitas coisas, mas não se consiga promover o encontro feliz com o amor de Cristo que abraça e salva.

209. A missão, entendida a partir da irradiação do amor do Coração de Cristo, requer missionários apaixonados, que se deixem cativar por Cristo e que inevitavelmente transmitam esse amor que mudou as suas vidas. Por isso, custa-lhes perder tempo a discutir questões secundárias ou a impor verdades e regras, porque a sua principal preocupação é comunicar o que vivem e, sobretudo, que os outros percebam a bondade e a beleza do Amado através dos seus pobres esforços. Não é isto que acontece com qualquer enamorado? Vale a pena tomar como exemplo as palavras com que Dante Alighieri, enamorado, tentou exprimir esta lógica:

Pensando em todo o seu valor
tão doce se me faz sentir o Amor,
que se agora eu não perder veemência,
falando tornarei enamorada a gente[65].

---

63. *Conferências aos Missionários* (22 de agosto de 1655). In: São Vicente de Paulo, *o. c.*, t. 11/3, 190.
64. Carta *Diserti interpretes* (25 de maio de 1965): *Enchiridion della Vita Consacrata* (Bolonha/Milão, 2001), n. 3809.
65. *Vida Nova*, XIX, 5-6. Trad. de Carlos Eduardo Soveral (Lisboa, 1993), 39.

210 Falar de Cristo, pelo testemunho ou pela palavra, de tal modo que os outros não tenham de fazer um grande esforço para o amar, é o maior desejo de um missionário da alma. Não há proselitismo nesta dinâmica de amor, as palavras do enamorado não perturbam, não impõem, não forçam, apenas levam os outros a se perguntarem como é possível um tal amor. Com o maior respeito pela liberdade e pela dignidade do outro, o enamorado limita-se a esperar que lhe seja permitido narrar esta amizade que preenche a sua vida.

211 Sem descurar a prudência e o respeito, Cristo pede que não tenha vergonha de reconhecer a sua amizade com ele. Pede que tenha a coragem de dizer aos outros que foi bom para você tê-lo encontrado: "todo aquele que se declarar por mim diante dos homens, eu também me declararei por ele diante do meu Pai que está nos céus" (Mt 10,32). Mas para o coração enamorado não é uma obrigação, é uma necessidade difícil de conter: "E ai de mim se não anunciasse o Evangelho!" (1Cor 9,16). "[…] havia fogo ardente em meu coração, comprimido dentro dos meus ossos; esforçava-me por suportá-lo, mas não conseguia" (Jr 20,9).

Em comunhão de serviço

212 Não se deve pensar nesta missão de comunicar Cristo como se fosse algo apenas entre mim e ele. Ela é vivida em comunhão com a própria comunidade e com a Igreja. Se nos afastarmos da comunidade, afastamo-nos também de Jesus. Se a esquecermos e não nos preocuparmos com ela, a nossa amizade com Jesus arrefecerá. Nunca se deve esquecer este segredo: o amor pelos irmãos e irmãs da própria comunidade — religiosa, paroquial, diocesana etc. — é como o combustível que alimenta a nossa amizade com Jesus. Os atos de amor para com os irmãos e irmãs da comunidade podem ser a melhor ou, por vezes, a única forma possível de exprimir aos outros o amor de Jesus Cristo. O próprio Senhor o disse: "É pelo fato de vos amardes uns aos outros que todos conhecerão que sois meus discípulos" (Jo 13,35).

213. É um amor que se torna serviço comunitário. Não me canso de recordar que Jesus o disse com grande clareza: "cada vez que fizestes isso a um dos menores desses meus irmãos, a mim o fizestes" (Mt 25,40). Ele propõe que o encontre também aí, em cada irmão e em cada irmã, especialmente nos mais pobres, desprezados e abandonados da sociedade. Que lindo encontro!

214. Portanto, se nos dedicarmos a ajudar alguém, isso não significa que nos esquecemos de Jesus. Pelo contrário, encontramo-lo de outra forma. E quando tentamos levantar e curar alguém, Jesus está lá, ao nosso lado. Com efeito, é bom recordar que, quando enviou os seus discípulos em missão, "o Senhor cooperava com eles" (cf. Mc 16,20). Ele está lá, trabalhando, lutando e fazendo o bem conosco. De uma forma misteriosa, é o seu amor que se manifesta através do nosso serviço, é ele próprio que fala ao mundo naquela linguagem que por vezes não tem palavras.

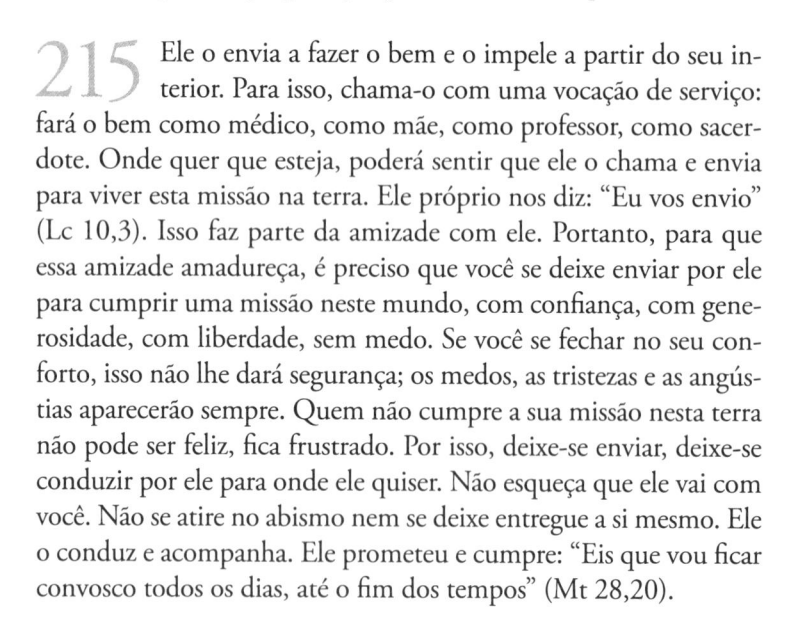

215. Ele o envia a fazer o bem e o impele a partir do seu interior. Para isso, chama-o com uma vocação de serviço: fará o bem como médico, como mãe, como professor, como sacerdote. Onde quer que esteja, poderá sentir que ele o chama e envia para viver esta missão na terra. Ele próprio nos diz: "Eu vos envio" (Lc 10,3). Isso faz parte da amizade com ele. Portanto, para que essa amizade amadureça, é preciso que você se deixe enviar por ele para cumprir uma missão neste mundo, com confiança, com generosidade, com liberdade, sem medo. Se você se fechar no seu conforto, isso não lhe dará segurança; os medos, as tristezas e as angústias aparecerão sempre. Quem não cumpre a sua missão nesta terra não pode ser feliz, fica frustrado. Por isso, deixe-se enviar, deixe-se conduzir por ele para onde ele quiser. Não esqueça que ele vai com você. Não se atire no abismo nem se deixe entregue a si mesmo. Ele o conduz e acompanha. Ele prometeu e cumpre: "Eis que vou ficar convosco todos os dias, até o fim dos tempos" (Mt 28,20).

216. De algum modo você tem de ser missionário, como o foram os apóstolos de Jesus e os primeiros discípulos, que foram anunciar o amor de Deus, que saíram para dizer que

Cristo está vivo e merece ser conhecido. Santa Teresa do Menino Jesus viveu-o como parte inseparável da sua oferta ao Amor misericordioso: "Queria dar de beber ao meu Bem-Amado e sentia-me eu mesma devorada pela *sede de almas*"[66]. Esta é também a sua missão. Cada um cumpre-a à sua maneira, e você verá como pode ser missionário. Jesus merece-o. Se você tiver coragem, ele o iluminará, acompanhará e fortalecerá, e você viverá uma experiência preciosa que lhe fará muito bem. Não importa se conseguirá ver algum resultado; deixe isso para o Senhor, que trabalha no segredo dos corações, mas não deixe de viver a alegria de tentar comunicar o amor de Cristo aos outros.

---

66. *Ms A*, 45 vº: Santa Teresa do Menino Jesus, *Obras completas* (Avessadas, 1996), 143.

Conclusão

217 O que está expresso neste documento permite-nos descobrir que o que está escrito nas encíclicas sociais *Laudato Si'* e *Fratelli Tutti* não é alheio ao nosso encontro com o amor de Jesus Cristo, pois bebendo desse amor tornamo-nos capazes de tecer laços fraternos, de reconhecer a dignidade de cada ser humano e de cuidar juntos da nossa casa comum.

218 Hoje tudo se compra e se paga, e parece que o próprio sentido da dignidade depende das coisas que se podem obter com o poder do dinheiro. Somos instigados a acumular, a consumir e a distrairmo-nos, aprisionados por um sistema degradante que não nos permite olhar para além das nossas necessidades imediatas e mesquinhas. O amor de Cristo está fora desta engrenagem perversa e só ele pode libertar-nos desta febre na qual já não há lugar para o amor gratuito. Ele é capaz de dar coração a esta terra e reinventar o amor lá onde pensamos que a capacidade de amar esteja morta para sempre.

219 A Igreja também precisa dele, para não substituir o amor de Cristo por estruturas ultrapassadas, obsessões de outros tempos, adoração da própria mentalidade, fanatismos de todo o gênero que acabam por ocupar o lugar daquele amor gratuito de Deus que liberta, vivifica, alegra o coração e alimenta as comunidades. Da ferida do lado de Cristo continua a correr aquele rio que nunca se esgota, que não passa, que se oferece sem-

pre de novo a quem quer amar. Só o seu amor tornará possível uma nova humanidade.

220. Peço ao Senhor Jesus Cristo que, para todos nós, do seu Coração santo brotem rios de água viva para curar as feridas que nos infligimos, para reforçar a nossa capacidade de amar e servir, para nos impulsionar a fim de aprendermos a caminhar juntos em direção a um mundo justo, solidário e fraterno. Isso até que, com alegria, celebremos unidos o banquete do Reino celeste. Aí estará Cristo ressuscitado, harmonizando todas as nossas diferenças com a luz que brota incessantemente do seu Coração aberto. Bendito seja!

Dado em Roma, junto de São Pedro, a 24 de outubro do ano 2024, décimo segundo do meu Pontificado.

Franciscus